わかる韓国語

初級

監修 ひろば語学院

丹羽裕美 著

駿河台出版社
SURUGADAI SHUPPANSHA

音声について

本書の音声は、下記サイトより無料でダウンロード、
およびストリーミングでお聴きいただけます。

http://www.e-surugadai.com/books/isbn978-4-411-03159-4/

＊ご注意
・PC からでも、iPhone や Android のスマートフォンからでも音声を再生いただけます。
・音声は何度でもダウンロード・再生いただくことができます。
・当音声ファイルのデータにかかる著作権・その他の権利は駿河台出版社に帰属します。
　無断での複製・公衆送信・転載は禁止されています。

表紙・本文デザイン　小熊未央
本文イラスト　あいはらひろみ
ナレーター　ユ・ジェユン　キム・ジュラン

まえがき

　本書は、初めて韓国語を学ぶ人が、文字の読み書きから初級（ハングル能力検定試験5級程度）の表現を用いた文を理解し、相手の言葉を聞き取り、楽しくコミュニケーションを図れる力を養うことを目標にしたものです。外国語は学習者が自らの母語に照らし合わせながら学ぶのですから、日本語母語話者にとって理解しやすく、段階的に学べるように学習項目を提示し、文法や発音の説明を極力丁寧に行うよう心がけました。本書が学習者にとってより分かりやすい内容にしたいという願いを込めて書名は「わかる韓国語」としました。

　この度、駿河台出版社の浅見忠仁編集長のご提案により出版に至った本書ですが、韓国語に特化した語学院である「ひろば語学院」において、1983年に丹羽泉先生（東京外国語大学名誉教授）が社会人を対象として効率的に習得するため開発した教材に準拠しています。そして同教材で自らも学んだ著者が、2008年に宋美淑先生（当学院講師）と内容の見直しを行い、さらに2012年に河正一先生（大阪公立大学准教授）、清水碧先生（フリーランス講師）お二人の協力も得て当学院のテキストとし使用してきました。先生方に心より御礼申し上げます。

　その後10年間、当学院だけでなく市民講座や大学でも教える機会を頂き試行錯誤を重ね、「基本会話」「文法と練習」「応用活動」の構成でより体系的に授業を組み立てられる教科書を目指しました。さらに本書の特徴として、日ごろの授業の中で学習者から質問の多い事項に🐷POINT をつけて解説を加え、また、学習者が苦手とする聞き取り力を強化する練習問題を設けているので、独学で取り組みたい方、基礎を学びなおしたい方にもご満足いただけるよう配慮しました。

　折しも、ひろば語学院創立40周年に本書を出版することが出来たことは、韓国語を学ぶ生徒のために日々ご尽力してくださっている歴代からの多くの先生、本書作成にご協力くださった宋美淑先生、安恩晶先生、姜熙哲先生、兪載潤先生、東京外国語大学大学院で学術的見地からご指導してくださる南潤珍先生（東京外国語大学教授）、韓国語を手ほどきくださった故金東俊先生（神田外語大学の名誉教授）、この機会を与えてくださった駿河台出版社の浅見忠仁編集長のおかげです。この場を借りて深く御礼を申し上げます。

　最後に、表紙のモデルにもなっているひろば語学院の創設者、故丹羽篤人先生と丹羽信子先生に本書を捧げます。

　これから韓国語を学ばれるみなさんのために、この本がお役に立てれば筆者としてこれ以上の喜びはありません。

丹羽裕美

本書の使い方

　本書の構成は**第１課〜第８課【文字と発音】**と**第９課〜第23課【文と表現】**に大きく分かれており、進め方も異なります。

第１課〜第８課　【文字と発音】

　文字と発音について学びます。ハングル文字の読み方に早く慣れるため、日本語の意味は併記していますがルビは振っていません。提示した単語は巻末の初級単語に入っていないものもありますが、読む練習のためなので声に出して、音声を聞いて確認し、書いてハングル文字を学習していきましょう。発音変化のルールはハングル能力検定試験５級と４級のものを対象にしますが、ここですべてを提示するのではなく、本書では習得の難易度を鑑み第７課では「終声の初声化」「ㅎ音の無音化」を、第８課では挨拶に出てくる「鼻音化」「ㅎ音の弱音化」を扱いました。これら以外の発音変化は第９課以降の課に随時出てきます。

第９課〜第23課　【文と表現】

　各課の１ページ目に「Can-do！（目標）」と「基本会話（日本語訳あり）」「演習」を提示しました。これは、この課を学習すると出来るようになる事、いわばゴールを明確化したものです。

Step1　各課の１ページ目を学習者と確認し、この課で何を達成するべきかという目標を教師と学習者が共有し意識して授業を進めるようにします。

Step2　Can-do（目標）を達成するために必要な知識を「文法と練習」で学んだあと、Step1の「基本会話」と「演習」にチャレンジします。学習者はStep1でわからなかった事がStep2で出来るようになったことを実感して、自信を持ってStep3に進めるでしょう。

Step3　「応用活動」はStep2で学んだ内容を元に、もう１歩レベルアップを図れる内容となっています。「말하기（会話）」に出てくる会話文を覚え、日本語訳を見ながら言えるようにします。そして、覚えた会話文を使用して「演習」を行ったり発表したりします。「듣기 聞き取り」では、設問に答えるだけでなく、聞いたものを書きとる（받아쓰기）を行います。말하기（会話）で覚えた文と似た内容になっているので復習になります。宿題にするのもよいでしょう。

　授業が終った後、Can-doを達成できたかをポイントに、その成果を評価（自己評価、教師による評価など）しましょう。

目次

韓国語について

●どこで話されている言葉なのか

朝鮮半島（大韓民国・朝鮮民主主義人民共和国）をはじめ、ロシア、中華人民共和国、米国、日本などに話し手がいます。これらの地域で使われる言語として、学術分野などでは「朝鮮語」という呼び方が使われます。本書では、大韓民国（韓国）の標準語という意味で「韓国語」を用います。

●文字について

韓国語は表音文字です。簡単にいうとアルファベットと同じで、字の個々のパーツが音を表わしています。例えば日本語の「な（na）」にあたる「나」という文字は「ㄴ」(n)という子音字と「ㅏ」（a）という母音字で表します。同じ母音字「ㅏ」(a) を用いて、子音字を「ㄹ」(r) に変えると「라」(ra)「ら」になります。

$$ㄴ\,[n] \;+\; ㅏ\,[a] \;=\; 나\,[na] \qquad\qquad ㄹ\,[r] \;+\; ㅏ\,[a] \;=\; 라\,[ra]$$

このような文字を「ハングル」とよびます。ハングルは日本語における「ひらがな」「カタカナ」と同様に、韓国語の文字を指す名称のことで、子音字と母音字の組み合わせで1文字を成しています。

このようなハングル文字は1443年に創制され、1446年に朝鮮王朝第四代目の王である世宗大王が『訓民正音』の書籍で、当時は文字の名も「訓民正音」として頒布しました。この名は「民を教え導く正しき音」という意味があり、文字から発音をイメージできるように作られており、初めて学ぶ学習者にとっても、学びやすい言語となっています。

●子音字について

子音を表す文字を「子音字」と言います。

発音するときの調音器官をかたどったものなので、字の形から発音される音が類推しやすくなっています。子音字はまず、基本となる「ㄱ、ㄴ、ㅁ、ㅅ、ㅇ」が作られ、さらに音が強くなるに従い、一画を加えて文字が作られています。

子音字　★調音器官の形を模式化★

牙音 (が おん)	ㄱ [k]		ㅋ [kʰ]		上あごの天井の奥（軟口蓋）に舌の奥をつけて喉をふさぐ形を象る
舌音 (ぜつ おん)	ㄴ [n]	ㄷ [t]	ㅌ [tʰ]	ㄹ [r]	舌先が上歯の裏の歯茎に付いた形を象る
唇音 (しん おん)	ㅁ [m]	ㅂ [p]	ㅍ [pʰ]		口の形を象る
歯音 (し おん)	ㅅ [s]	ㅈ [tʃ]	ㅊ [tʃʰ]		歯の形を象る
喉音 (こう おん)	ㅇ [ø]		ㅎ [h]		声門の形を象る

例えば

「舌音」の「ㄴ」は［n］の音です。「な、に、ぬ、ね、の」を声に出してみると、唇は少し開いた状態で、舌先が上歯の裏の歯茎に触れて発音しています。つまり、舌音の「ㄴ, ㄷ, ㅌ, ㄹ」は舌先を歯茎に触れさせて調音することを表します。

「唇音」の「ㅁ」は［m］の音です。「ま、み、む、め、も」を声に出してみると、唇が軽く閉じられてから発音していることを感じると思います。つまり、唇音の「ㅁ, ㅂ, ㅍ」は、唇を軽く閉じてから鼻もしくは唇から息を出しながら唇を用いて調音することを表します。

「喉音」の「ㅇ」は音を持たず、「ㅎ」は［h］の音です。「は、ひ、ふ、へ、ほ」を声に出してみるとわかるように、唇、舌、歯、どこにも触れず喉で調音することを表しています。

●母音字について

母音を表す文字を「母音字」と言います。

「天」「地」「人」をかたどった３つの基本要素から成り立っています。

天を短い横棒（昔は•）、人は長い縦棒、地は長い横棒で表します。

母音の制字原理は、この世が陰と陽の気から成り立っているという「陰陽説」の世界観を反映していると言われています。

天

人

地

「陽」母音字のイメージ　　ㅗ［o］　　　　　　　　　ㅏ［a］

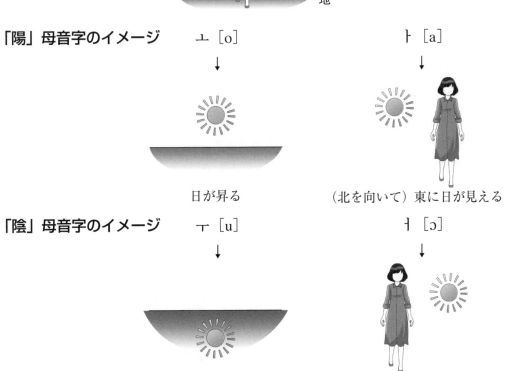

　　　　　　　　　　日が昇る　　　　　　（北を向いて）東に日が見える

「陰」母音字のイメージ　　ㅜ［u］　　　　　　　　　ㅓ［ɔ］

　　　　　　　　　　日が落ちる　　　　　　（北を向いて）西に日が見える

このように「天」「地」「人」の組み合わせにより陽と陰の母音字をつくり、古い朝鮮語の単母音はこのような体系だったと言われています。

陽	ㅏ ［a］	ㅗ ［o］	• ［ʌ］	ㅣ ［i］
陰	ㅓ ［ɔ］	ㅜ ［u］	一 ［ɯ］	

●音・単語・文のしくみ

音について

韓国語の発音の特徴のひとつは、無気音（息を出さない音）と有気音（息を出す音）があることです。

例えば「か（ka）」は3種類あります。

「가」は日本語のように、ほとんど息を伴わずやわらかく発音する平音

「까」は全く息を出さないように（無気音）発音器官を緊張させて発音する濃音

「카」は息を激しく出して（有気音）発音する激音

単語について

韓国語の単語には、大きく次の3種類があります。

・固有語：	古来より朝鮮固有の語	例	月：달「タル」
・漢字語：	漢字の音を組み合わせた語	例	約束：약속「ヤクソク」
・外来語：	諸外国から借り入れた語	例	パソコン：컴퓨터「コンピュト」

韓国は日本と同じく漢字文化圏に属するため、漢字語には日本語と共通したものが多く、それらの中には日本語と似た音の単語もあります。
例えば「新聞」を韓国語でいうと 신문「シンムン」となります。

文について

文をつくる語順は日本語とよく似ており、日本語の「てにをは」にあたる助詞もあります。

例　日本語：　　私は　新聞を　読みます。
　　　　　　　　⇩　　⇩　　⇩
　　韓国語：　　나는 신문을　읽어요.

このように日本語と類似点の多い韓国語は、日本語を母語とする人たちにとって、大変学びやすい言語と言えるでしょう。

●文字の構成

韓国語の文字はハングルと呼ばれます。ハングルの字母は子音字が19個、母音字が21個、合計40個です。基本字母（母音10字、子音14字）とその基本字母を組み合わせた複合字母（母音11字、子音5字）で成しています。

基本母音字

ㅏ	ㅑ	ㅓ	ㅕ	ㅗ	ㅛ	ㅜ	ㅠ	ㅡ	ㅣ

基本子音字

ㄱ	ㄴ	ㄷ	ㄹ	ㅁ	ㅂ	ㅅ	ㅇ	ㅈ	ㅊ
ㅋ	ㅌ	ㅍ	ㅎ						

ハングルはローマ字のように子音字と母音字を組み合わせて、1文字を構成します。

子音字 ＋ 母音字

縦棒を基本とした母音字（ㅏ, ㅑ, ㅓ, ㅕ, ㅣ）の場合、左に子音字を書きます。

ㅎ ＋ ㅏ ＝ 하
子音 h　　母音 a　　　ha

横棒を基本とした母音字（ㅗ, ㅛ, ㅜ, ㅠ, ㅡ）の場合、上に子音字を書きます。

ㄱ ＋ ㅜ ＝ 구
子音 k　　母音 u　　　ku

子音字 ＋ 母音字 ＋ 子音字

ㅎ ＋ ㅏ ＋ ㄴ ＝ 한　　　　ㄱ ＋ ㅜ ＋ ㄱ ＝ 국
子音 h　母音 a　子音 n　han　　　子音 k　母音 u　子音 k　kuk

初声→ 한 ←中声
終声↗　＼パッチム

最初の子音字を「初声」、母音字を「中声」、その下にくる子音字を「終声」といいます。終声の文字は「パッチム（받침）」と呼ばれています。日本語にすると「下敷」や「支え」という意味になります。

●**基本母音字** 🔊)) 001

ㅏ ㅓ ㅗ ㅜ ㅡ ㅣ

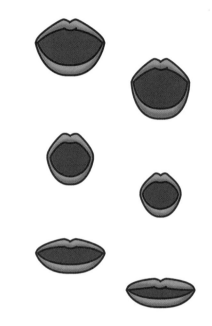

ㅏ 〔a〕 口を大きく開けた「ア」

ㅓ 〔ɔ〕 口を大きく開けた「オ」

ㅗ 〔o〕 唇を丸めた「オ」

ㅜ 〔u〕 唇を丸めた「ウ」

ㅡ 〔ɯ〕 唇を左右に引いた「ウ」

ㅣ 〔i〕 唇を左右に引いた「イ」

「オ」と「ウ」が2種類あります。カタカナでルビを振ると同じになりますが、口の形が違うので音は異なります。

😊 発音のコツ♪

ㅓとㅗの違い

- ㅗ は日本語の「お」を発音するときより唇を少し前に突き出します。
- ㅓ は「ㅏ」と「ㅗ」の中間くらいの大きさに口を広げます。口元に力を入れすぎず、喉の奥から「オ」と発音してみましょう。

ㅜとㅡの違い

- ㅜ は日本語の「う」を発音するときより唇を少し前に突き出し「ウ」と発音します。
- ㅡ は口元に力を入れすぎず、「にっこり」と笑顔にしながら「ウ」と発音します。

練習1　書き順を確認し、声に出しながら書いてみましょう。　◀)) 002

① ヤ ②	a			
① ㅕ ②	ɔ			
② ㅗ ①	o			
① ㅜ ②	u			
ㅡ ①	ɯ			
① ㅣ	i			

練習2　音声を聞いて、声に出しながら書いてみましょう。　◀)) 003

ハングルは子音と母音で構成されます。日本語の「あ、い、う、え、お」のような子音のないものは、音の無い子音「ㅇ」を母音字に添えて書きます。

注意!　ㅇを書くときは、上に突起を書かず左回りに円を描くように書きます。

아	a			
어	ɔ			
오	o			
우	u			
으	ɯ			
이	i			

ㅑ ㅕ ㅛ ㅠ 🔊 004

短い線が２本ついているものはヤ行で発音します。

ㅑ 〔ja〕 ㅏと同じ口の形で「ヤ」

ㅕ 〔jɔ〕 ㅓと同じ口の形で「ヨ」

- -

ㅛ 〔jo〕 ㅗと同じ口の形で「ヨ」

ㅠ 〔ju〕 ㅜと同じ口の形で「ユ」

練習3 書き順を確認し、声に出しながら書いてみましょう。 🔊 005

①↓ㅑ②→③→	ja			
①→ㅕ②→③↓	jɔ			
①↓②↓ㅛ③→	jo			
①→ㅠ②↓③↓	ju			

練習4 音声を聞いて、声に出しながら書いてみましょう。 🔊 006

야	ja			
여	jɔ			
요	jo			
유	ju			

●基本母音字の配列

10個の基本母音字を順番に並べると、次のようになります。

아 야 어 여 오 요 우 유 으 이

| 練習5 | 声に出しながら書いてみましょう。 | 🔊 007 |

아	a				
야	ja				
어	ɔ				
여	jɔ				
오	o				
요	jo				
우	u				
유	ju				
으	ɯ				
이	i				

| 問題❶ | 音声を聞いて [　　　] にハングルで書いてみましょう。 | 🔊 008 |

(1) [　　　　　　　] （歯）　　　(2) [　　　　　　　] （子ども）

(3) [　　　　　　　] （牛乳）　　(4) [　　　　　　　] （きゅうり）

(5) [　　　　　　　] （痛いっ！）　(6) [　　　　　　　] （余裕）

第 2 課

子音字は、「初声の位置」と「終声（パッチム）の位置」で用いられ、同じ文字でも、その位置によって音が異なります。

●**基本子音字** ㄴ ㄹ ㅁ ㅇ 🔊 009

初声の位置

> ㄴ 〔n〕 「ナ」行の音
>
> > 例 ㄴ〔n〕 + ㅏ〔a〕 = 나〔na〕

> ㄹ 〔r〕 「ラ」行の音
>
> > 例 ㄹ〔r〕 + ㅏ〔a〕 = 라〔ra〕

> ㅁ 〔m〕 「マ」行の音
>
> > 例 ㅁ〔m〕 + ㅏ〔a〕 = 마〔ma〕

> ㅇ 〔ø〕 無音
>
> > 例 ㅇ〔ø〕 + ㅏ〔a〕 = 아〔a〕

[注意!] ㅇ を書くときは、上に突起を書かず左回りに円を描くように書きます。

[練習 1] 書き順を確認し、声に出しながら書いてみましょう。 🔊 010

	ㅏ	ㅑ	ㅓ	ㅕ	ㅗ	ㅛ	ㅜ	ㅠ	ㅡ	ㅣ
ㄴ										
ㄹ										
ㅁ										
ㅇ										

もう一度!

	ㅏ	ㅑ	ㅓ	ㅕ	ㅗ	ㅛ	ㅜ	ㅠ	ㅡ	ㅣ
ㄴ										
ㄹ										
ㅁ										
ㅇ										

練習2　声に出しながら書いてみましょう。　🔊)) 011

나무 (木)			
머리 (頭)			
이마 (額)			
어느 (どの)			
요리 (料理)			

問題❶　音声を聞いて [　　] にハングルで書いてみましょう。　🔊)) 012

(1) [　　　　　] (国)　(2) [　　　　　] (私たち)

(3) [　　　　　] (歳)　(4) [　　　　　] (姉)(弟からみて)

(5) [　　　　　] (お母さん)　(6) [　　　　　] (ガラス)

●終声（パッチム）の位置 🔊 013

ㄹ 〔l〕 舌先を上あごの天井の手前位置（硬口蓋）に触れさせたまま、息を吐きながら〔l〕と発音します。下の絵を見ましょう。例 일

ㄴ 〔n〕 「ン」の音 例 인

ㅁ 〔m〕 「ン」の音 例 임

ㅇ 〔ŋ〕 「ン」の音 例 잉

ㄴ，ㅁ，ㅇはパッチムの位置では「ン」の音になります。ただし、口の形が違うので音が異なります。🐤 発音のコツ♪ を見ながら言ってみましょう。

🐤 発音のコツ♪

日本語母語話者は「ン」を1つの音として認識していますが、実は後続する子音によって異なる「ン」の音を自然に発しているのです。

 日本語の「アンドーナッツ」の「アン」の音です。ㄴ は唇をやや開けた状態で、舌先を上歯の裏の歯茎につけて鼻から息を抜くように発音します。

 日本語の「アンパン」の「アン」の音です。ㅁ は唇を軽く閉じて鼻から息を抜くように発音します。

 日本語の「アンコ」の「アン」の音です。ㅇ は舌の奥を上あごの天井の奥（軟口蓋）につける意識で、鼻から息を抜くように発音します。唇、舌、歯、どこにも触れず喉から音を出すため、口の形は自然に開いたまま発音を終えます。

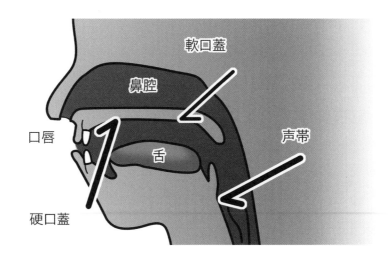

練習3 声に出しながら書いてみましょう。 🔊 014

물 （水）			
일 （日）			
눈 （目）			
몸 （体）			
이름 （名前）			
안녕 （安寧）			

問題❷ 音声を聞いて [　] にハングルで書いてみましょう。 🔊 015

(1) [　　　　　　] （言葉、馬）　(2) [　　　　　　] （美人）

(3) [　　　　　　] （竜）　(4) [　　　　　　] （姉）（妹からみて）

(5) [　　　　　　] （ママ）　(6) [　　　　　　] （いくら）

●基本子音字　ㄱ　ㄷ　ㅂ　ㅅ　ㅈ　 ◁)) 016

初声の位置

ㄱ　〔k/g〕「カ / ガ」行の音

例　ㄱ〔k〕 ＋ ㅏ〔a〕 ＝ 가〔ka〕

ㄷ　〔t/d〕「タ / ダ」行の音

例　ㄷ〔t〕 ＋ ㅏ〔a〕 ＝ 다〔ta〕

ㅂ　〔p/b〕「パ / バ」行の音

例　ㅂ〔p〕 ＋ ㅏ〔a〕 ＝ 바〔pa〕

ㅅ　〔s〕「サ」行の音

例　ㅅ〔s〕 ＋ ㅏ〔a〕 ＝ 사〔sa〕

ㅈ　〔tʃ/dʒ〕「チャ / ヂャ」行の音

例　ㅈ〔tʃ〕 ＋ ㅏ〔a〕 ＝ 자〔tʃa〕

注意!　活字では ㅈ と表記されますが、書くときは ㅈ とします。

濁音（有声音化）について

ハングルの中で濁音を持つ文字は「ㄱ、ㄷ、ㅂ、ㅈ」4つです。

注意!　ㅅ〔s〕「サ」行の音は、濁音がありません。

「ㄱ、ㄷ、ㅂ、ㅈ」が有声音（母音、終声（パッチム）ㄹ、ㄴ、ㅁ、ㅇ）に挟まれるとき、濁音で発音します。

例　고기（肉）は ko ki と書いてありますが、発音は ko gi となります。

例　두부（豆腐）は tu bu と発音されます。

しかし、순두부（純豆腐）は sun du bu と発音されます。

두부（豆腐）の前に순がつくと、두は先頭でないため濁音になるからです。

練習1 書き順を確認し、声に出しながら書いてみましょう。 🔊 017

	ㅏ	ㅑ	ㅓ	ㅕ	ㅗ	ㅛ	ㅜ	ㅠ	ㅡ	ㅣ
ㄱ										
ㄷ										
ㅂ										
ㅅ										
ㅈ										

もう一度！

	ㅏ	ㅑ	ㅓ	ㅕ	ㅗ	ㅛ	ㅜ	ㅠ	ㅡ	ㅣ
ㄱ										
ㄷ										
ㅂ										
ㅅ										
ㅈ										

練習2 声に出しながら書いてみましょう。　　　　　　　　　　◀)) 018

가구 （家具）			
버스 （バス）			
서울 （ソウル）			
바다 （海）			
아버지 （父）			

問題❶ 音声を聞いて ［　　　］ にハングルで書いてみましょう。　　◀)) 019

(1) ［　　　　　　　］ （だれ）　　(2) ［　　　　　　　］ （どこ）

(3) ［　　　　　　　］ （音）　　　(4) ［　　　　　　　］ （歌手）

(5) ［　　　　　　　］ （ラジオ）　(6) ［　　　　　　　］ （うどん）

22ページで学習した子音が元になっています。

●基本子音字　ㅋ　ㅌ　ㅍ　ㅊ　ㅎ　🔊)) 020
初声の位置

ㅋ 〔kʰ〕　息を伴なう「カ」行の音

例　ㅋ〔kʰ〕 ＋ ㅏ〔a〕 ＝ 카〔kʰa〕

ㅌ 〔tʰ〕　息を伴なう「タ」行の音

例　ㅌ〔tʰ〕 ＋ ㅏ〔a〕 ＝ 타〔tʰa〕

ㅍ 〔pʰ〕　息を伴なう「パ」行の音

例　ㅍ〔pʰ〕 ＋ ㅏ〔a〕 ＝ 파〔pʰa〕

ㅊ 〔tʃʰ〕　息を伴なう「チャ」行の音

例　ㅊ〔tʃʰ〕 ＋ ㅏ〔a〕 ＝ 차〔tʃʰa〕

注意!　活字ではㅊと表記されますが、書くときは ㅊ とします。

ㅎ 〔h〕　「ハ」行の音

例　ㅎ〔h〕 ＋ ㅏ〔a〕 ＝ 하〔ha〕

🐧発音のコツ♪

・ㅋ　ㅌ　ㅍ　ㅊ は、息を強く吐きながら発音します。これを**激音**と言います。

・ㅎ 「ハ」行は、元々息が出る音で、日本語の「ハ」行で発音します。

・いずれも濁音はなく清音のみで発音します。

	ㅏ	ㅑ	ㅓ	ㅕ	ㅗ	ㅛ	ㅜ	ㅠ	ㅡ	ㅣ
ㅋ										
ㅌ										
ㅍ										
ㅊ										
ㅎ										

もう一度!

	ㅏ	ㅑ	ㅓ	ㅕ	ㅗ	ㅛ	ㅜ	ㅠ	ㅡ	ㅣ
ㅋ										
ㅌ										
ㅍ										
ㅊ										
ㅎ										

練習4 声に出しながら書いてみましょう。 ◁)) 022

고주 (唐辛子)			
포도 (ぶどう)			
허가 (許可)			
홍차 (紅茶)			
칼 (刃物)			

問題❷ 音声を聞いて [   ] にハングルで書いてみましょう。 ◁)) 023

(1) [   ] (ひとつ)　(2) [   ] (お茶)

(3) [   ] (パーティー)　(4) [   ] (コーヒー)

(5) [   ] (休日)　(6) [   ] (地下鉄)

	ㅏ	ㅑ	ㅓ	ㅕ	ㅗ	ㅛ	ㅜ	ㅠ	ㅡ	ㅣ
ㄱ										
ㄴ										
ㄷ										
ㄹ										
ㅁ										
ㅂ										
ㅅ										
ㅇ										
ㅈ										
ㅊ										
ㅋ										
ㅌ										
ㅍ										
ㅎ										

●複合子音字　ㄲ　ㄸ　ㅃ　ㅆ　ㅉ　◀)) 025

初声の位置

ㄲ　〔ˀk〕　詰まった「カ」行の音

　　例　ㄲ〔ˀk〕　＋　ㅏ〔a〕　＝　까〔ˀka〕

ㄸ　〔ˀt〕　詰まった「タ」行の音

　　例　ㄸ〔ˀt〕　＋　ㅏ〔a〕　＝　따〔ˀta〕

ㅃ　〔ˀp〕　詰まった「パ」行の音

　　例　ㅃ〔ˀp〕　＋　ㅏ〔a〕　＝　빠〔ˀpa〕

ㅆ　〔ˀs〕　詰まった「サ」行の音

　　例　ㅆ〔ˀs〕　＋　ㅏ〔a〕　＝　싸〔ˀsa〕

ㅉ　〔ˀtʃ〕　詰まった「チャ」行の音

　　例　ㅉ〔ˀtʃ〕　＋　ㅏ〔a〕　＝　짜〔ˀtʃa〕

🐤 発音のコツ♪

ㄲ　ㄸ　ㅃ　ㅆ　ㅉ は、息を出さずに喉を詰まらせるように少し高音で発音します。これを**濃音**と言います。促音「ッ」が前に付いているようにイメージすると発音しやすいでしょう。濁音はなく清音のみで発音します。

練習1　声に出しながら書いてみましょう。　　◀)) 026

	ㅏ	ㅑ	ㅓ	ㅕ	ㅗ	ㅛ	ㅜ	ㅠ	ㅡ	ㅣ
ㄲ										
ㄸ										
ㅃ										
ㅆ										
ㅉ										

	ㅏ	ㅑ	ㅓ	ㅕ	ㅗ	ㅛ	ㅜ	ㅠ	ㅡ	ㅣ
ㄲ										
ㄸ										
ㅃ										
ㅆ										
ㅉ										

練習2 | 声に出しながら書いてみましょう。　　🔊) 027

또 (また)			
씨 (種)			
아빠 (パパ)			
토끼 (うさぎ)			
까치 (かささぎ)			

4

問題❶ 音声を聞いて [　　] にハングルで書いてみましょう。　　◀))) 028

(1) [　　　　　]（兄）（妹からみて）　　(2) [　　　　　]（たまに）

(3) [　　　　　]（（値が）高い）　　(4) [　　　　　]（パン）

(5) [　　　　　]（朝鮮相撲）　　(6) [　　　　　]（汗）

問題❷ 今まで学んだ文字を思いだして、声に出して読んでみましょう。　◀))) 029

파전 （パジョン／ちぢみ）　김치 （キムチ）　설렁탕 （ソルロンタン）　코 （鼻）

뼈 （骨）　꼬리 （しっぽ）　딸기 （苺）　쌀 （米）

하늘 （空）　구름 （雲）　나무 （木）　땅 （土地）

고기 （肉）　감자 （じゃがいも）　당근 （にんじん）

주스 （ジュース）　남자 （男）　여자 （女）

●終声（パッチム）の位置

3課と4課で学んだ子音字を終声（パッチム）の位置で読む場合、文字は様々ですが、〔ᵖ〕、〔ᵏ〕、〔ᵗ〕いずれかの発音になります。（ㅃ, ㄸ, ㅉ は終声になりません。）
音を出す直前で止めるので、日本語の詰まった音「っ」のように聞こえますが韓国語では3つの異なる音として認識されます。口の形に気をつけて発音しましょう。

ㅂ型 〔ᵖ〕：ㅂ が代表音　🔊)) 030

発音のコツ♪　プ[pu] と声を出す直前で止めるので、口を閉じて発音を終えます。
ㅂ：밥 [paᵖ]（ごはん）
ㅍ：옆 [yɔᵖ]（横）

ㄱ型 〔ᵏ〕：ㄱ が代表音　🔊)) 031

発音のコツ♪　ク[ku] と声を出す直前で上あごの奥（軟口蓋）を舌の奥でふさぐ意識で止めるので、口が自然に開いたまま発音を終えます。
ㄱ：책 [tʃɛᵏ]（本）
ㅋ：부엌 [puɔᵏ]（台所）
ㄲ：밖 [paᵏ]（外）

ㄷ型 〔ᵗ〕：ㄷ が代表音　🔊)) 032

発音のコツ♪　ッ[tu] と声を出す直前で止めるので、舌先が上歯の裏の歯茎に触れたまま発音を終えます。
ㄷ：곧 [koᵗ]（すぐ）　　ㅌ：끝 [ʔkɯᵗ]（終わり）
ㅅ：옷 [oᵗ]（服）　　ㅆ：있다 [iᵗʔta]（ある、いる）
ㅈ：낮 [naᵗ]（昼間）　　ㅊ：빛 [piᵗ]（光）
ㅎ 좋다 [tʃoᵗtʰa]（良い）

練習1 声に出しながら書いてみましょう。 🔊 033

	パッチムの型を書きましょう	声に出しながら正しいハングルで書いて練習しましょう	
수식 （数式）	ㄱ型		
답 （答え）			
몇 （幾つ）			
곧 （すぐに）			
맛 （味）			
낮 （昼間）			
밖 （外）			
집 （家）			
앞 （前）			
밭 （畑）			
부엌 （台所）			

ㅂ型

밥 (ご飯)　　　입 (口)　　　접시 (皿)　　　잎 (葉)

ㄱ型

국 (スープ)　　　떡 (もち)　　　약 (くすり)　　　낚시 (釣り)

ㄷ型

꽃 (花)　　　　　옷 (服)　　　　　솥 (お釜)

숟가락 (スプーン)　　　젓가락 (箸)　　　그릇 (器)

●二重パッチムの発音 ◀》 035

子音	母音
子音・子音 （二重パッチム）	

例 값［갑］ 〔kap〕 値段

닭［닥］ 〔tak〕 鶏

2つの子音字からなる終声は、どちらか一方だけを発音します。
「ㄳ, ㄺ」は［k］、「ㄿ, ㅄ」は［p］、「ㄼ, ㄽ, ㄾ, ㅀ」は［l］（밟다「踏む」のみ［p］）、
「ㄻ」は［m］、「ㄵ, ㄶ」は［n］で発音します。

まとめると、以下のようになります。
概ね左側を読み、例外の4つだけが右側を読みます。

ㄳ, ㄵ, ㄶ, ㄼ, ㄽ, ㄾ, ㅀ, ㅄ	左の子音字を読む
［例外］ 　ㄺ, ㄻ, ㄿ, 밟다「踏む」	右の子音字を読む

練習2　声に出しながら書いてみましょう。　　　　　◀》 036

［　］に発音をハングルで 記入しましょう		声に出しながら正しい綴りで 書きましょう
넋 (魂)	［　　　］	
흙 (土)	［　　　］	
여덟 (8)	［　　　］	
삶 (人生)	［　　　］	

35

●終声（パッチム）のまとめ

パッチムの種類

		詰まる音 （口音）	響く音 （鼻音・流音）
※口の形	唇を閉じる	ㅂ型 ㅂ, ㅍ	ㅁ〔m〕
	口が自然に開く	ㄱ型 ㄱ, ㄲ, ㅋ	ㅇ〔ŋ〕
	舌を歯茎につける	ㄷ型 ㄷ, ㅌ, ㅈ, ㅊ, ㅅ, ㅆ, ㅎ	ㄴ〔n〕
			ㄹ〔l〕

🐧 発音のコツ♪

○「詰まる音」とは、音を出す直前で止めるため喉の震えがない無声音（5課）を、「響く音」とはㅁ、ㅇ、ㄴ（鼻音）やㄹ（流音）の喉が震える有声音（2課）を指します。

○「唇を閉じる」とは、唇を閉じて発音を終える「詰まる音」のㅂ型と、同じ口の形で鼻から息を抜きながらㅁ〔m〕の音を発音するときの口の形を指します。

○「口が自然に開く」とは、上あごの奥（軟口蓋）を舌の奥でふさぐようにするため、両唇は自然と開いて発音を終える「詰まる音」のㄱ型と、同じ口の形で鼻から息を抜きながらㅇ〔ŋ〕の音を発音するときの口の形を指します。

○「舌を歯茎につける」とは、舌先を上歯の裏の歯茎に触れたまま発音を終える「詰まる音」のㄷ型と、同じ口の形で鼻から息を抜きながら発音するㄴ〔n〕と、舌先を硬口蓋につけたまま息を口からはきながら発音するㄹ〔l〕の音を発音するときの口の形を指します。

○終声（パッチム）の音は全部で7つです。

○1文字1拍で発音します。　　例 각はカク〔kaku〕ではなくカ$_{\,ク}$〔ka^k〕

●複合母音 🔊 037

基本母音を組み合わせた母音字です。3つのグループに分けてみましょう。

① ㅘ ㅝ ㅟ ㅢ

ㅘ 〔wa〕 = ㅗ + ㅏ	オ ＋ アを早く言う→「ワ」
ㅝ 〔wɔ〕 = ㅜ + ㅓ	ウ ＋ オを早く言う→「ウォ」
ㅟ 〔wi〕 = ㅜ + ㅣ	ウ ＋ イを早く言う→「ウィ」
ㅢ 〔ɰi〕 = ㅡ + ㅣ	ウ ＋ イを早く言う→「ウィ」

注意！ 🔊 038

○語頭では「ウィ」と発音しますが、語頭以外では「イ」と発音

　例 의사 「ウィサ」（医者）

　例 회의 「フェイ」（会議）

○子音が○以外の場合は、語頭でも「イ」の段の音で発音

　例 희망 「ヒマン」（希望）

練習 1 　書き順を確認し、声に出しながら書いてみましょう。 🔊 039

		와		과		화	
		워		궈		훠	
		위		귀		휘	
		의		긔		희	

사과 (りんご)			
샤워 (シャワー)			
취미 (趣味)			
의자 (椅子)			
주의 (注意)			

② ㅐ ㅔ ㅒ ㅖ 🔊) 041

ㅐ 〔ε〕 口を大きく開け「エ」

注意! 人差し指と中指を合わせて縦に入るくらい口を開けます。

しかし ㅐ / ㅔ は事実上区別されず、ㅔ〔e〕と発音されやすいです。

ㅔ 〔e〕 日本語の「エ」とほぼ同じ口の形で「エ」

ㅒ 〔jε〕 ㅐと同じ口の形で「イェ」

ㅖ 〔je〕 ㅔと同じ口の形で「イェ」

注意! 子音が ㅇ、ㄹ 以外の ㅒ / ㅖ は ㅔ〔e〕と発音されやすいです。

ㅐ	애		개		해	
ㅒ	얘		걔		햬	
ㅔ	에		게		헤	
ㅖ	예		계		혜	

練習4 声に出しながら書いてみましょう。 ◁)) 043

노래 (歌)			
애기 (はなし)			
시계 (時計)			
제주도 (済州島)			
대한민국 (大韓民国)			

③ ㅚ ㅞ ㅙ ◁)) 044

ㅚ 〔we〕 ㅔと同じ口の形で「ウェ」

ㅞ 〔we〕 ㅔと同じ口の形で「ウェ」

ㅙ 〔wɛ〕 ㅐと同じ口の形で「ウェ」

注意! ㅚ／ㅞ／ㅙ は事実上区別されず〔we〕と発音されやすいです。

練習5 書き順を確認し、声に出しながら書いてみましょう。 ◁)) 045

ㅚ	외		괴		회	
ㅞ	웨		궤		훼	
ㅙ	왜		괘		홰	

39

왜 (何故)			
외국 (外国)			
회사 (会社)			
웨딩 (ウェディング)			

問題❶ 声に出して読んでみましょう。 🔊)) 047

비행기 (飛行機)　교회 (教会)　화장실 (トイレ)　우체국 (郵便局)

개 (犬)　　　게 (カニ)　　쥐 (ネズミ)　　돼지 (ブタ)

パッチムを移動させて読んだり、パッチムの音が消えたりすることは、韓国語の特徴のひとつです。練習してみましょう。

●終声の初声化　◁)) 048

終声（パッチム）の隣が子音字「ㅇ」で始まっている場合、終声（パッチム）は「ㅇ」の位置に移り初声となって発音されます。

> 例　한국어 → ［한구거］（韓国語）
> 겪어요 → ［겨꺼요］（経験します）

練習 1 　声に出しながら書いてみましょう。　◁)) 049

① ［　］に読み方をハングルで書いてみましょう。
② 声に出しながら書いてみましょう。

	①ハングルで読み方を記入	②声に出しながら正しい綴りで書きましょう	
한국어 （韓国語）	［ 한구거 ］	한국어	한국어
일본어 （日本語）	［　　　　］		
금요일 （金曜日）	［　　　　］		
할아버지 （おじいさん）	［　　　　］		
웃어요 （笑います）	［　　　　］		
있어요 （あります）	［　　　　］		

●二重パッチムの場合　🔊 050

二重パッチムの右側の子音字が「ㅇ」の位置に移って発音されます。

例　앉으세요 → ［안즈세요］（座ってください）

| 練習2 | 声に出しながら書いてみましょう。 | 🔊 051 |

① 　［　］に読み方をハングルで書いてみましょう。
② 　声に出しながら書いてみましょう。

	①ハングルで読み方を記入	②声に出しながら 正しい綴りで書きましょう	
앉으세요 （お座りください）	［안즈세요］	앉으세요	앉으세요
읽으세요 （読んでください）	［　　　　　］		
젊은이 （若者）	［　　　　　］		
밝아요 （明るいです）	［　　　　　］		
짧아요 （短いです）	［　　　　　］		

7

● 「ㅎ」パッチムの場合　◀)) 052

・「ㅎ」パッチムの隣に母音字「ㅇ」がきたら「ㅎ」の音を発音しません。

　　例　놓아요 → [노아요]（置きます）

・ㄶ、ㅀのようなパッチムは「ㅎ」の音が消え、残った音が移動します。

　　例　괜찮아요 → [괜차나요]（大丈夫です）

練習3　声に出しながら書いてみましょう。　　　　　◀)) 053

① ［　］に読み方をハングルで書いてみましょう。
② 声に出しながら書いてみましょう。

	①ハングルで読み方を記入	②声に出しながら正しい綴りで書きましょう	
놓아요 （置きます）	[　노아요　]	놓아요	놓아요
좋아요 （良いです）	[　　　　]		
싫어요 （嫌です）	[　　　　]		

第**8**課

● **挨拶** (�))) 054

「おはようございます。」「こんにちは。」「こんばんは。」にあたる挨拶で、時間帯を問わずいつでも人と出会った時に使えます。

안녕하세요?

非格式体：丁寧でありながら普段の会話に多く用いられる文体

안녕하십니까?

格 式 体：公的な場で多く用いられ、さらに丁寧感のある文体

POINT　鼻音化について

안녕하십니까 を文字どおり読むと「アンニョンハシ_pニカ」になります。しかし、韓国語母語話者は「アンニョンハシ_mニカ」と言っています。それは何故でしょうか。

⇒　십（ㅂ型 詰まる音）の隣りに、니が続きます。

ㅂ型 ㄷ型 ㄱ型 のパッチムに ㄴ か ㅁ が続くとき、パッチムを響く音「ン」（鼻音）にして発音しやすくしています。

鼻音は ㅂ型 ㄷ型 ㄱ型 の口の形に応じて ㅁ、ㄴ、ㅇ のいずれかになります。これを**鼻音化**といいます。

鼻音化：詰まるパッチムが鼻音になるときは、口の形に従い以下のように決まっています。

詰まるパッチム	ㅂ型	ㄷ型	ㄱ型
口の形	↓ 閉じる	↓ 舌先を歯茎につける	↓ 自然に開く
鼻音「ン」	↓ ㅁ〔m〕 閉じる	↓ ㄴ〔n〕 舌先を歯茎につける	↓ ㅇ〔ŋ〕 自然に開く

従って「안녕하십니까」は［안녕하심니까］と発音することになります。

練習1　声に出しながら書いてみましょう。 055

안녕하세요?		
안녕하십니까?		

●出会いの挨拶 056

처음 뵙겠습니다.　「はじめまして。」

直訳は「初めてお目にかかります。」

반갑습니다.　「お会いできて嬉しいです。」

初めて会うときや久しぶりに会ったときに使います。

반가워요.　**반갑습니다.** の非格式体

注意!　初対面の挨拶として日本語では「よろしくお願いします」と交わしますが、韓国語では「**반갑습니다**」や「**반가워요**」をよく用います。

練習2　声に出しながら書いてみましょう。 057

처음 뵙겠습니다.		
반갑습니다.		
반가워요.		

●感謝のことば　◁))) 058

감사합니다.　「感謝します。」

고맙습니다.　「ありがとうございます。」

고마워요.　　고맙습니다. の非格式体

천만에요.　　「どういたしまして。」（返答としての例）

[練習3]　声に出しながら書いてみましょう。　◁))) 059

감사합니다.		
고맙습니다.		
고마워요.		
천만에요.		

●謝るときの挨拶　◁))) 060

죄송합니다.　「申し訳ございません。」

미안합니다.　「ごめんなさい。」

미안해요.　　미안합니다. の非格式体

괜찮아요.　　「大丈夫です。」（返答としての例）

🐤POINT　ㅎの弱音化と無音化

○パッチムの隣の「ㅎ」は音が弱くなります。

　　そして○以外のパッチムは「ㅎ」の場所に移動させて発音します。

　　　例　죄송합니다 →〔죄송암니다〕

　　　例　미안합니다 →〔미아남니다〕

　　　例　미안해요 →〔미아내요〕

○パッチム「ㅎ」の隣に「○」が続いたらㅎの音は発音しません。

　　なので、パッチム「ㄶ」は残りのㄴを移動させて発音します。

　　　例　괜찮아요 →〔괜차나요〕

練習4 　声に出しながら書いてみましょう。　　　　　　　　◁)) 061

죄송합니다.		
미안합니다.		
미안해요.		
괜찮아요.		

●**食事のときの挨拶**　◁)) 062

　잘 먹겠습니다. 「いただきます。」直訳：（これから）よく食べます。
　잘 먹었습니다. 「ごちそうさま。」直訳：よく食べました。
　맛있어요. 　　　 「美味しいです。」
　많이 드세요. 　　「たくさん召し上がってください。」

練習5 　声に出しながら書いてみましょう。　　　　　　　　◁)) 063

잘 먹겠습니다.		
잘 먹었습니다.		
맛있어요.		
많이 드세요.		

●肯定と否定　◁)) 064

はい。　⇒　네. または 예.

いいえ。⇒　아니요. または 아뇨. (아뇨는아니요の縮約形)

POINT　네「ネ」が「デ」に聞こえることについて

ㄴ [n] と ㅁ [m] が語頭にくるとき、[n] の音が [d] に、[m] の音が [b] に聞こえることがあります。これは韓国語母語話者の特徴（個人差がある）と言われていますが、あくまでㄴ [n]、ㅁ [m] として発音しています。

練習6　声に出しながら書いてみましょう。　◁)) 065

네.		
예.		
아니요.		
아뇨.		

●賛成と反対　◁)) 066

賛成のとき

맞아요.　　「そうです。合っています。」

좋아요.　　「良いです。」

反対のとき

아니에요.　「いいえ。（違います）」

싫어요.　　「嫌です。」

声に出しながら書いてみましょう。　🔊 067

맞아요.		
아니에요.		
좋아요.		
싫어요.		

POINT　아니에요 について

　아니에요 は「いいえ。(違います)」だけでなく遠慮したり謙遜して「いえいえ。(とんでもありません)」という場面でも用います。

●別れの挨拶　🔊 068

　去る人に対しての言い方と、残る人に対しての言い方が異なります。

안녕히 가세요.　去っていく人に向かって「さようなら。」
안녕히 계세요.　その場に残る人に向かって「さようなら。」
또 만나요.　　　「また会いましょう。」

練習8　声に出しながら書いてみましょう。　🔊 069

안녕히 가세요.		
안녕히 계세요.		
또 만나요.		

●日本語のハングル表記

ハングルはアルファベットと同じように表音文字なので、英語や日本語などの外来語も
ハングルで表記できます。

その方法は、日本の文部科学省に相当する韓国の教育部で「外来語表記法」として定め
られています。

日本語の 50 音をハングルで表記する際のポイントは以下の通りです。

> ・語頭の清音は平音で、語中の清音は激音で表す。
>
> 　　例　価格 → 가카쿠
>
> ・濁音は語頭、語中にかかわらず平音で表す。
>
> 　　例　雅楽 → 가가쿠
>
> ・撥音「ん」はパッチム「ㄴ」で表す。
>
> 　　例　仙台 → 센다이
>
> ・促音「っ」はパッチム「ㅅ」で表す。
>
> 　　例　北海道 → 홋카이도
>
> ・母音は基本「ㅏ　ㅣ　ㅜ　ㅔ　ㅗ」で表す。
>
> ・長母音は表記しない。
>
> 　　例　東京 → 도쿄、大阪 →오사카

練習9　日本語「かな」のハングル表記一覧表を参考に書いてみましょう。

自分の名前　_____

家族の名前　_____

_____

_____

日本語「かな」のハングル表記一覧表

か な	ハングル	
	語 頭	語中・語末
ア イ ウ エ オ	아 이 우 에 오	
カ キ ク ケ コ	가 기 구 게 고	카 키 쿠 케 코
サ シ ス セ ソ	사 시 스 세 소	
タ チ ツ テ ト	다 지 쓰 데 도	타 치 쓰 테 토
ナ ニ ヌ ネ ノ	나 니 누 네 노	
ハ ヒ フ ヘ ホ	하 히 후 헤 호	
マ ミ ム メ モ	마 미 무 메 모	
ヤ ユ ヨ	야 유 요	
ラ リ ル レ ロ	라 리 루 레 로	
ワ ヲ	와 오	
ン	ㄴ	
ッ	ㅅ	
ガ ギ グ ゲ ゴ	가 기 구 게 고	
ザ ジ ズ ゼ ゾ	자 지 즈 제 조	
ダ ヂ ヅ デ ド	다 지 즈 데 도	
バ ビ ブ ベ ボ	바 비 부 베 보	
パ ピ プ ペ ポ	파 피 푸 페 포	
キャ キュ キョ	갸 규 교	캬 큐 쿄
シャ シュ ショ	샤 슈 쇼	
チャ チュ チョ	자 주 조	차 추 초
ニャ ニュ ニョ	냐 뉴 뇨	
ヒャ ヒュ ヒョ	햐 휴 효	
ミャ ミュ ミョ	먀 뮤 묘	
リャ リュ リョ	랴 류 료	
ギャ ギュ ギョ	갸 규 교	
ジャ ジュ ジョ	자 주 조	
ヂャ ヂュ ヂョ	자 주 조	
ビャ ビュ ビョ	뱌 뷰 뵤	
ピャ ピュ ピョ	퍄 퓨 표	

子音字には名称があります。

ハングルの子音字の名称

子音字	名　称	読み仮名（参考）
ㄱ	기역	キヨク
ㄲ	쌍기역	サンキヨク
ㄴ	니은	ニウン
ㄷ	디귿	ティグッ
ㄸ	쌍디귿	サンティグッ
ㄹ	리을	リウル
ㅁ	미음	ミウム
ㅂ	비읍	ピウプ
ㅃ	쌍비읍	サンピウプ
ㅅ	시옷	シオッ
ㅆ	쌍시옷	サンシオッ
ㅇ	이응	イウン
ㅈ	지읒	チウッ
ㅉ	쌍지읒	サンチウッ
ㅊ	치읓	チウッ
ㅋ	키읔	キウク
ㅌ	티읕	ティウッ
ㅍ	피읖	ピウプ
ㅎ	히읗	ヒウッ

저는 사토 유미코입니다.

わたしは佐藤由美子です。

● **Can do！：韓国語で簡単な自己紹介ができる。**　　　🔊)) 070

基本会話

유미코： 안녕하십니까?

　　　　 저는 <u>사토 유미코</u>입니다. <u>대학생</u>입니다.

김준호： 네, 안녕하세요?

　　　　 저는 <u>김준호</u>입니다. 저도 <u>학생</u>입니다.

　　　　 만나서 반갑습니다.

　　　　　　　　　　　　　　由 美 子： こんにちは。
　　　　　　　　　　　　　　　　　　　私は佐藤由美子です。大学生です。
　　　　　　　　　　　　　　金 準 浩： はい、こんにちは。
　　　　　　　　　　　　　　　　　　　私はキムジュノです。私も学生です。
　　　　　　　　　　　　　　　　　　　会えてうれしいです。

語彙　**表現**
어휘　표현　🔊)) 071

□ **저** (私)　　□ **대학생** (大学生)　　□ **학생** (学生)

□ **안녕하다** (安寧だ)：안녕 安寧は「元気だ・無事だ」という意味です。

□ **네** (はい)：肯定の返事としてだけでなく、あいさつを返すときに添えたりもします。

□ **만나서 반갑습니다** (会えてうれしいです)
　：日本では初対面で「よろしくお願いします」と言いますが、韓国ではこちらをよく用
　　います。また、久しぶりに会ったときにも **반갑습니다** あるいは **반가워요** と言っ
　　て挨拶します。

演　習
基本会話の下線部を、自分の名前や職業（54 ページ参照）に変えて、韓国語で話してみま
しょう。

●職業の語彙　◁))) 072

회사원 (会社員)　　공무원 (公務員)　　교사 (教師)　　의사 (医者)
간호사 (看護師)　　경찰관 (警察官)　　운전기사 (運転手)　　주부 (主婦)
가수 (歌手)　　배우 (俳優)

●家族の語彙　◁))) 073

할아버지 (おじいさん)　　할머니 (おばあさん)
아버지 (お父さん)　　어머니 (お母さん)
오빠 / 형 (お兄さん)　　오빠は妹からみた兄、형は弟からみた兄
언니 / 누나 (お姉さん)　　언니は妹からみた姉、누나は弟からみた姉
남동생 / 동생 (弟)　　동생は弟にも妹にも使える
여동생 / 동생 (妹)　　나 / 저 (私)

●身のまわりの物の語彙①　◁))) 074

스마트폰 (スマートフォン)　　휴대폰, 핸드폰 (携帯電話)
컴퓨터 (パソコン)　　텔레비전, 티브이 (テレビ TV)
손수건 (ハンカチ)　　안경 (メガネ)
우산 (傘)　　옷 (服)　　치마 (スカート)　　바지 (ズボン)

◁)) 075

補足単語
보충 단어
　□ 한국 사람 (韓国人)　　□ 일본 사람 (日本人)

-는/-은 ～は

「私は」の「は」にあたる助詞を、韓国語では 는 または 은 と言います。
直前の語の最後の文字（語末）にパッチムが無い場合は 는 を、パッチムが有る場合は 은
を用います。発音は終声の初声化（41 ページ参照）がおこります。

パッチム無　저는　　　（私は）
パッチム有　회사원은（会社員は）　　発音 [회사워는]

練習 **1**　下線に適切な助詞「は」を入れましょう。

(1)　先生は **선생님** _____
(2)　友達は **친구** _____
(3)　兄は **오빠** _____
(4)　学生は **학생** _____

-입니다 ～です

名詞などの体言を肯定する、「～です」にあたる韓国語は 입니다 を用います。
書く時は体言につけて間をあけません。

例　**한국 사람입니다.** 　（韓国人です。）

POINT　-입니다 の読み方について

パッチム ㅂ [P] に ㄴ が続くとき、ㅁ [m] の音に変えて [임니다] と、唇を閉じ
て「ン」と発音します（44 ページ参照）。さらに、例のようにパッチムで終わる名詞
に 입니다 が続くときは、終声の初声化（41 ページ参照）により、사람입니다 は [사
라밈니다] と発音します。

例 친구 / 한국 사람 → 친구는 한국 사람입니다.

(1) 어머니 / 교사 _____

(2) 아버지 / 회사원 _____

(3) 여동생 / 가수 _____

(4) 남동생 / 경찰관 _____

-도 ～も

「私も」の「も」にあたる助詞を韓国語では 도 と言います。

例 저도 （私も）
일본 사람도 （日本人も）

練習 **3** 例にならって、文を作りましょう。

例 저 / 대학생 → 저도 대학생입니다.

(1) 저 / 일본 사람 _____

(2) 언니 / 학생 _____

(3) 할아버지 / 형 / 의사 _____

(4) 할머니 / 누나 / 간호사 _____

POINT 分かち書きについて

名詞と助詞の間にはスペースを入れず、助詞の後には必ずスペースを入れます。この
スペースを分かち書き띄어쓰기と言います。
また、体言の後に「～です」が続くときは、 体言 입니다と分かち書きしません。

◁)) 076

補足単語 보충 단어

□ 처음 뵙겠습니다
（はじめまして）

□ 제 （私の）

□ 이름 （名前）

□ 어느 나라 （どの国）

□ 일본 （日本）

□ 한국 （韓国）

●말하기　会話

演習 **1**　会話文を訳して、読む練習をしましょう。　◁)) 077

사카모토: 안녕하십니까? 처음 뵙겠습니다.

한 수 민: 네, 안녕하세요? 처음 뵙겠습니다.

사카모토: 저는 사카모토입니다. 일본 사람입니다.

회사원입니다.

한 수 민: 제 이름은 한수민입니다. 한국 사람입니다.

저는 학생입니다. 만나서 반갑습니다.

사카모토: 저도 만나서 반갑습니다.

POINT　저と나について

「私」には親しい間柄や年下に対して用いる**나**と謙譲表現の**저**があります。一般的に
저を用いたほうが丁寧で失礼がないので本書では**저**を用います。よく使用する助詞との組合せを下記に記します。「私の」**저의**や나의の**의**は「～の」の意味で会話では縮約されやすいです。

私	私は	私を	私に	私の	私が
저	저는	저를	저에게	제 （저의の縮約）	제가
나	나는	나를	나에게	내 （나의の縮約）	내가

演習 **2** 演習１の日本語訳です。音声を聞きながら練習しましょう。
日本語訳から韓国語で言えて、書けるようにすることを目指します。

坂　本：　こんにちは。初めまして。

한수민：　はい、こんにちは。はじめまして。

坂　本：　私は坂本です。日本人です。会社員です。

한수민：　私の名前はハンスミンです。

　　　　　韓国人です。私は学生です。

　　　　　お会いできて嬉しいです。

坂　本：　私もお会いできて嬉しいです。

●듣기　聞き取り

問題 **1** 問題２の音声を聞いて、設問にふさわしい答えを韓国語で書きましょう。

⑴　어머니는 어느 나라 사람입니까?　_____

⑵　아버지는 어느 나라 사람입니까?　_____

問題 **2** 会話文を聞き、下線部に韓国語で書き込みましょう。　　🔊) 078

사카모토：　_____? 처음 뵙겠습니다.

한 수 민：　네,안녕하세요? _____.

사카모토：　저____ 사카모토_____. 한국____ 처음_____.

한 수 민：　_____는 한수민입니다. 어머니는 _____ 사람입니다.

　　　　　아버지는 _____ 사람입니다. 만나서 _____.

58

이것은 제 가방이 아닙니다.
これは私のカバンではありません。

● Can do！：自分の物や相手の物を、指示代名詞を用いて話せる。　　　　◀)) 079

유 미 코: 그것이 준호 씨 가방입니까?

김 준 호: 아니요, 이것은 제 가방이 아닙니다.

저것이 제 것입니다.

由 美 子: それがジュノさんのカバンですか。

김 준 호: いいえ、これは私のカバンではありません。

あれが私のものです。

語彙 어휘	表現 표현

◀)) 080

□ 이것 (これ)　　□ 그것 (それ)　　□ 저것 (あれ)　　□ 가방 (カバン)

□ 제 것 (私のもの)：제 (私の) に 것 (もの) をつけたものです。

□ 아니요 (いいえ)：縮めて (縮約形) 아뇨を用いることもあります。

□ - 씨 (～さん)：韓国では苗字に直接 -씨 をつけず、苗字＋名前 (フルネーム) で김준호 씨 や 준호 씨 のように名前に 씨 をつけるのが一般的です。

POINT　「～の」-의 について

　「～の」にあたる -의 は [에] と発音されます。話しことばでは縮約、省略されやすいです。例えば「私の」は 저의 ですが제と縮約され、「ジュノさんのカバン」も 준호 씨의 가방 とも言えますが、-의 を省略し分かち書きをした 준호 씨 가방 が多用されます。

演 習

54 ページの語彙を参考に、下線部を変えて韓国語で話してみましょう。

◀)) 081

補足単語
보충 단어

- □ 사전 (辞書)
- □ 한국어 (韓国語)
- □ 일본어 (日本語)
- □ 책 (本)

- □ 건물 (建物)
- □ 병원 (病院)
- □ 약국 (薬局)
- □ 무엇 (何)

指示代名詞

이 (この) / 그 (その) / 저 (あの) / 어느 (どの) は名詞をつけて用います。

이 사전 (この辞書)　　그 사전 (その辞書)
저 사전 (あの辞書)　　어느 사전 (どの辞書)

名詞の代わりに「〜もの」것 が後続すると指示代名詞になります。

이것 このもの ⇒ これ　　그것 そのもの ⇒ それ
저것 あのもの ⇒ あれ　　어느 것 どのもの ⇒ どれ

이것 (これ) / 그것 (それ) / 저것 (あれ) / 어느 것 (どれ) といいます。

POINT　「あの」が 저 でない場合

「(この前行った) (話題の) あの店」のように、発話の現場にないもの、聞き手と話し手が了解しているものに対して、日本語は「あの」を、韓国語では 그 (その) を用いて表します。

例　그 가게 (あの店) 実際に見えていない
　　저 가게 (あの店) 実際に見えている

練習 **1** 1～4は「あれは○○です」、5～8は「それは○○です」、
9～12は「これは○○です」と韓国語で文を作りましょう。　🔊 082

1. 택시　（タクシー）　5. 모자　（帽子）　9. 지갑　（財布）
2. 비행기 （飛行機）　6. 한복　（韓服）　10. 돈　（お金）
3. 별　　（星）　　　7. 우산　（傘）　　11. 종이　（紙）
4. 달　　（月）　　　8. 신발　（靴）　　12. 연필　（鉛筆）

1 _____

2 _____

3 _____

4 _____

5 _____

6 _____

7 _____

8 _____

9 _____

10 _____

11 _____

12 _____

-가/-이 ～が

パッチム無 　제**가** 　（私が）
パッチム有 　저것**이** 　（あれが） 　発音 [저거시]

「～が」にあたる助詞は **가** または **이** です。
前の語の語末にパッチムが無い場合 **가** を、パッチムが有る場合 **이** を用います。

練習 2 　下線に適切な助詞「が」を入れましょう。

(1) 約束が 　약속 _____

(2) 何が 　무엇 _____

(3) 宿題が 　숙제 _____

(4) 学校が 　학교 _____

-입니까? ～ですか。

例 　**그것이 준호 씨 가방입니까?** （それがジュノさんのカバンですか。）

-입니까? は、-입니다 の疑問形でイントネーションは語尾を上げるのが一般的です。

練習 3 　日本語を韓国語に直して文を作ってみましょう。

(1) A: どれがジュノさんの財布ですか。 _____

　　B: これです。 　　　　　　　　　_____

(2) A: どれが由美子さんの傘ですか。 _____

　　B: それです。 　　　　　　　　　_____

-가/-이 아닙니다 ～ではありません

パッチム無 　제 구두가 아닙니다. （私の靴ではありません。）
パッチム有 　제 가방이 아닙니다. （私のカバンではありません。）

名詞などの体言を否定する「～ではありません」は -가 / -이 아닙니다 です。体言の語末にパッチムが無い場合 가 を、パッチムが有る場合 이 を用います。

練習 4 　例にならって疑問形と否定形にしましょう。

例 　학생 : A: 학생입니까?

　　　　　　 B: 아니요, 학생이 아닙니다.

(1) **가수 :** 　A: _____

　　　　　　 B: _____

(2) **한국 사람 :** A: _____

　　　　　　 B: _____

(3) **사전 :** 　A: _____

　　　　　　 B: _____

(4) **의사 :** 　A: _____

　　　　　　 B: _____

-가/-이 아닙니까? ～ではありませんか。

例 저것은 일본어 사전이 아닙니까? (あれは日本語の辞書ではありませんか。)

-가 / -이 아닙니까? は、-가 / -이 아닙니다 の疑問形にあたるものです。イントネーションは語尾を上げるのが一般的です。

練習 5 日本語を韓国語に直して文を作ってみましょう。

(1) A: その人は韓国人ではありませんか。

_____

B: はい、韓国人ではありません。日本人です。

_____

(2) A: この建物は病院ではありませんか。

_____

B: はい、この建物は病院ではありません。薬局です。

_____

(3) A: あれは韓国語の本ではありませんか。

_____

B: はい、あれは韓国語の本ではありません。日本語の本です。

_____

POINT 아니요について

「いいえ」 아니요 (縮約 아뇨) は、相手の問いかけに対して否定する語です。「韓国人ではありませんか。」という問いかけに対し、「韓国人ではない」場合、英語などでは答える内容の事実を表示するため No となりますが、韓国語は日本語と同じように相手の問いかけ通りであれば「はい、韓国人ではありません」のように 네を用いて、問いかけと反対であれば「いいえ、韓国人です」のように 아니요を用います。

応用活動 응용 활동

083

補足単語 보충 단어 □ 그럼 (それでは) □ 교과서 (教科書)

●말하기 会話

演習 1 会話文を訳して、読む練習をしましょう。 084

사카모토: 이것이 무엇입니까?
한 수 민: 그것은 한국어 책입니다.
사카모토: 그럼, 저것도 한국어 책입니까?
한 수 민: 아뇨, 저것은 한국어 책이 아닙니다.
일본어 교과서입니다.

POINT 「～は」が -는 / -은 でなく、-가 / -이 になる場合

韓国語では何かについて質問するとき、その質問の主題が、会話の中で初めて出てきたもの（新情報）の後には -가 / -이 を使う方が自然な文になります。例えば、「これは何ですか。」のように「これ」は新情報なので日本語で「～は」であっても -가 / -이 を用いるのが自然です。

例 이것이 무엇입니까? 「これは何ですか。」

ただし、話し手がその主題をとりたてて「(いったい) これは何ですか。」と強調する場合 이것은 무엇입니까? のように -는 / -은 も用いられます。
また、会話の中でその主題と対比させる場合には -는 / -은 をつけます。67 ページ 11 課基本会話の韓国語と日本語を見比べましょう。「誕生日はいつですか。」という疑問文が 1 行目と 3 行目に出てきます。생일（誕生日）という主題について 1 行目は新情報なので -이 が続き、3 行目は「では、あなたの誕生日は？」と対比しているので -은 が続いています。

演習１の日本語訳です。音声を聞きながら練習しましょう。
日本語訳から韓国語で言えて、書けるようにすることを目指します。

坂　本： これは何ですか。

한수민： それは韓国語の本です。

坂　本： それでは、あれも韓国語の本ですか。

한수민： いいえ、あれは韓国語の本ではありません。

日本語の教科書です。

●듣기　聞き取り

◁)) 085

補足単語
보충 단어

□ 누구 (誰)　　　　　　□ 사진 (写真)

□ 가족 (家族)

問題 1　問題２の音声を聞いて、設問にふさわしい答えを韓国語で書きましょう。

(1) 이것이 무엇입니까?　＿＿＿＿＿＿＿＿＿＿＿＿＿＿

(2) 이 사람은 누구입니까?　＿＿＿＿＿＿＿＿＿＿＿＿

問題 2　会話文を聞き、下線部に韓国語で書き込みましょう。　◁)) 086

사카모토： 수민 씨, ＿＿＿＿＿＿ 가족 사진＿＿＿＿＿＿？

한 수 민： ＿＿＿, 가족 사진입니다.

사카모토： ＿＿＿ ＿＿＿＿ 수민 씨입니까?

한 수 민： ＿＿＿＿, 여동생＿＿＿＿.

생일이 언제입니까?

誕生日はいつですか。

● **Can do！：建物の階数・月日など漢数詞を用いることができる。** 🔊) 087

基本会話

김 준 호: 유미코 씨, 생일이 언제입니까?

유 미 코: 4월 17일입니다.

준호 씨 생일은 언제입니까?

김 준 호: 제 생일은 10월 9일입니다.

그날은 한글날입니다.

> 김 준 호: 由美子さん、誕生日はいつですか。
> 由 美 子: 4月17日です。
> ジュノさんの誕生日はいつですか。
> 김 준 호: 私の誕生日は10月9日です。
> その日はハングルの日です。

【語彙 어휘】●【表現 표현】 🔊) 088

□ 생일（誕生日） □ 언제（いつ） □ 그날（その日） □ 한글날（ハングルの日）

POINT ㄴを ㄹ で発音する（流音化）について

한글날のように、ㄹ と ㄴ が隣りあうと、ㄴ は ㄹ の音に変化し、ㄹ と ㄹ で読まなければなりません。한글날は［한글랄］と読みましょう。

演 習 隣の人とやり取りをして表に書いてみましょう。

A: ○○ 씨, 생일이 언제입니까?

B: 제 생일은 ＿＿＿월 ＿＿＿일입니다.

名前	何月	何日
（自分）		
（相手）		

◀)) 089

補足単語
보충 단어

□ 몇[면] ((数を尋ねる) 何)	□ 어디 (どこ)
□ 몇 월[며 둴] (何月)	□ 위 (上)
□ 며칠 (何日)	□ 아래 (下)

●漢数詞

韓国語の数字の数え方は、漢字を元にした漢数詞と韓国語固有の固有数詞があります。固有数詞は 12 課で学びます。

漢数詞 ◀)) 090

1	2	3	4	5	6	7	8	9	10
일	이	삼	사	오	육	칠	팔	구	십
11	12	13	14	15	16	17	18	19	20
십일	십이	십삼	십사	십오	십육	십칠	십팔	십구	이십
30	40	50	60	70	80	90	100	1,000	0
삼십	사십	오십	육십	칠십	팔십	구십	백	천	공/영

10 以降は、십일 (11) 이십 (20) 오십오 (55) のようになります。

「0」は 공, 영, 제로があり、電話番号など数字を羅列する場合は 공 を用います。

POINT 数詞の表記と分かち書きについて

アラビア数詞で表記する場合は、例えば 2층（2 階）と助数詞と分かち書きしませんが、ハングル文字で数詞を表記する場合は 이 층 と分かち書きします。しかし、月日は分かち書きしないのが一般的です。70 ページで確認しましょう。

練習 **1** 提示された語を用い、すべて韓国語にして文を作りましょう。

(1) **번호 / 03-1245-6789번** 番号は 03-1245-6789 番です。

_____

(2) **한국어 수업 / 3교시** 韓国語の授業は 3 時限目です。

_____

(3) **저/2학년** 私は 2 年生です。

_____

(4) **서울역/1호선** ソウル駅は 1 号線です。

_____

🐤 **POINT** 電話番号の「－」について

電話番号の「－」は 의 を用いて、[에] と発音します。

漢数詞で数える助数詞の例

년：年号や年数　　월：1 年の月　　일：日付や日数　　분：時間の分

초：時間の秒　　원：韓国の通貨　　번：番号や順序　　층：階数、階

練習 **2** 助数詞をつけてノートに書き漢数詞を覚えましょう。

	1 일	2 이	3 삼	4 사	5 오	6 육	7 칠	8 팔	9 구	10 십
～階 - 층										
～日 - 일										
～分 - 분										
～番 - 번										
～年 - 년										

년월일 年月日 🔊 091

1月	2月	3月	4月	5月	6月
일월	이월	삼월	사월	오월	유월
7月	8月	9月	10月	11月	12月
칠월	팔월	구월	시월	십일월	십이월

例 2023年6月20日 : 이천이십삼 년 유월 이십일 / 2023년 6월 20일

A: 今日は何月何日ですか。: **오늘은 몇 월 며칠입니까?**

B: 今日は＿＿月＿＿日です。: ＿＿＿＿＿＿＿＿＿＿＿＿＿＿＿＿

練習 **3** すべて韓国語にして文を作りましょう。

⑴ A: こどもの日（어린이날）は何月何日ですか。

　　_____

　B: こどもの日は5／5です。

　　_____

⑵ A: バレンタインデー（밸런타인데이）はいつですか。

　　_____

　B: バレンタインデーは2／14です。

　　_____

⑶ A: クリスマス（크리스마스）は何月何日ですか。

　　_____

　B: クリスマスは12／25です。

　　_____

⑷ A: ハングルの日はいつですか。

　　_____

　B: ハングルの日は10／9です。

　　_____

있습니다、없습니다 あります・います / ありません・いません

약속이 있습니다. / 없습니다. （約束があります。/ ありません。）
아이가 있습니다. / 없습니다. （子供がいます。/ いません。）

日本語では、物などは「あります」、人や生物には「います」と区別しますが、韓国語ではいずれも 있습니다 を用います。
疑問文「ありますか」「いますか」は、있습니까? となります。
「ありません」「いません」は 없습니다 を用います。疑問文「ありませんか」「いませんか」は 없습니까? となります。

練習 ④ 下線部を韓国語にしましょう。

(1) 授業があります。 수업이 ＿＿＿＿＿＿＿＿＿＿

(2) 兄弟がいますか。 형제가 ＿＿＿＿＿＿＿＿＿＿

(3) 山田さんはいませんか。 야마다 씨는 ＿＿＿＿＿＿＿＿＿＿

(4) 今日も時間がありません。 오늘도 시간이 ＿＿＿＿＿＿＿＿＿＿

-에 ～に

例 칠월에 （7月に）
　 회사에 （会社に）

時、もの、場所の後につける「に」には 에 という助詞を用います。

			食堂	
🍜	7F	식		당
🚻	6F	トイレ 화 장 실		
🎤♪	5F	カラオケ 노 래 방		
📖	4F	書店 서		점
👕	3F	服屋 옷 가 게		
🌸	2F	花屋 꽃 가 게		
🍎🍓	1F	果物屋 과일가게		
🚗	B1F	駐車場 주 차 장		

練習 **5** 絵を見ながら会話文を作りましょう。

例 A: 지하 1층에 무엇이 있습니까? (地下1階に何がありますか。)

　　 B: 주차장이 있습니다. (駐車場があります。)

(1) A: 1층에 무엇이 있습니까?

　　 B: _____

(2) A: 화장실이 어디에 있습니까?

　　 B: _____

(3) A: 노래방 아래 층에 무엇이 있습니까?

　　 B: _____

(4) A: 식당이 몇 층에 있습니까?

　　 B: _____

(5) A: 꽃가게 위 층에 무엇이 있습니까?

　　 B: _____

11

◀)) 093

補足単語 보충 단어

☐ 오늘 （今日）　　☐ 선물 （プレゼント）

☐ 축하합니다　　☐ 괜찮아요 （大丈夫です）
（おめでとうございます）

☐ 그런데 （ところで、ところが、でも）

●말하기　会話

演習 **1** 会話文を訳して、読む練習をしましょう。　　◀)) 094

사카모토: 오늘이 몇 월 며칠입니까?

한 수 민: 6월 10일입니다. 오늘은 제 생일입니다.

사카모토: 그래요? 축하합니다.

　　　　　 그런데 생일 선물이 없습니다.

한 수 민: 괜찮아요.

POINT　ㅎの激音化について

축하합니다 [주카합니다]：詰まるパッチム（終声 p、t、k）の隣にㅎが来ると、ㅎ
　　　　　　　　　　　　が弱くなりパッチムを移動させ、さらにㅎが持つ息と
　　　　　　　　　　　　終声が合わさります。

終声 p → ㅍ
終声 t → ㅌ
終声 k → ㅋ

詳しくは、19課で学びます。

73

演習１の日本語訳です。音声を聞きながら練習しましょう。
日本語訳から韓国語で言えて、書けるようにすることを目指します。

坂　本： 今日は何月何日ですか。

한수민： 6月10日です。今日は私の誕生日です。

坂　本： そうですか。おめでとうございます。

　　　　 でも、誕生日プレゼントがありません。

한수민： 大丈夫です。

●듣기　聞き取り

問題 **1**　ビンゴゲームです。数字を聞き取り、数字にチェックを入れてみましょう。🔊)) 095

4	30	11	26	22	7
17	6	15	38	32	25
9	47	24	41	39	13
33	20	1	18	3	10
27	19	31	14	42	23
12	2	5	40	16	8

이번 일요일에 무엇을 합니까?

今度の日曜日に何をしますか。

● **Can do！：曜日や時刻、「○○を～ます」を用いて話せる。** 🔊)) 096

基本会話

유미코: 준호 씨, 이번 일요일에 무엇을 합니까?

김준호: 오전에는 일본어를 배웁니다.

그리고 오후 세 시에 친구를 만납니다.

由 美 子：　ジュノさん、今度の日曜日に何をしますか。

김 준 호：　午前中は日本語を学びます。

　　　　　　そして、午後３時に友達に会います。

 🔊)) 097

□ 이번 (今度)　　□ 오전 (午前、午前中)　　□ 오후 (午後)　　□ 그리고 (そして)

□ 배우다 (学ぶ)　　□ - 를 / - 을 만나다 (～に会う)

POINT　時間帯と食事を示す語について　🔊)) 098

　朝と朝ごはん、夕方と夕食は同じ語を用います。

	朝	昼	夕
時間帯	아침	점심 (昼食時)、낮 (昼間)	저녁
食事	아침	점심	저녁

演　習

基本会話の下線部を変えて、隣の人と韓国語で話しましょう。

〈方法〉 ① いつ、「○○を～します」と日本語で文を作ります。

　　　　② 「文法と練習」を行ってから①の文を韓国語にします。

　　　　③ ②を使って会話します。

◁)) 099

補足単語
보충 단어

□ 도시락 (弁当)　　　□ 대학교 (大学)

□ 아르바이트 (アルバイト)　　□ 오다 (来る)

●固有数詞　◁)) 100

1	2	3	4	5	6	7	8	9	10
하나	둘	셋	넷	다섯	여섯	일곱	여덟	아홉	열
한	두	세	네						

11	12	13	14
열하나	열둘	열셋	열넷
열한	열두	열세	열네

＊後ろに助数詞が続くとき、1 ～ 4、11 ～ 14、
　20 は下段を用います。

15	16	17	18	19	20
열다섯	열여섯	열일곱	열여덟	열아홉	스물
					스무

◁)) 101

30	40	50	60	70	80	90
서른	마흔	쉰	예순	일흔	여든	아흔

＊ 100 以上は漢数詞を用います。

練習 **1** 助数詞をつけてノートに書き固有数詞を覚えましょう。

	1	2	3	4	5	6	7	8	9	10
	한	두	세	네	다섯	여섯	일곱	여덟	아홉	열
～個 - 개										
～杯 - 잔										
～枚 - 장										
～冊 - 권										
～回 - 번										

練習 **2** 提示された語を用い、すべて韓国語にして文を作りましょう。

(1) **학생 / 10명**　　学生が10人います。 _____

(2) **고양이 / 2마리**　猫が2匹います。　_____

(3) **저 / 20살**　　私は20歳です。　_____

POINT　　漢数詞と固有数詞について

　概ね、順序をあらわすときは漢数詞を用い、個数をあらわすときは固有数詞を用います。例えば、**2권** を **이 권** と読めば全集第2巻となり、**두 권** と読めば2冊の意味になります。但し、時間の「～時」は固有数詞、「～分、～秒」は漢数詞と決まっているものも多くあります。また人数などは少なければ固有数詞で **두 명**（2名）ですが、多くなると **오십 명**（50名）のように漢数詞を用いることになります。

時刻

固有数詞＋시（時）　　　漢数詞＋분（分）

時間は固有数詞を、分や秒は漢数詞を用います。 🔊 102

1時	2時	3時	4時	5時	6時
한 시	두 시	세 시	네 시	다섯 시	여섯 시
7時	8時	9時	10時	11時	12時
일곱 시	여덟 시	아홉 시	열 시	열한 시	열두 시

例　12時30分：열두 시 삼십 분　　12時半：열두 시 반

A: 今、何時ですか。：지금 몇 시입니까?

B: 今は＿＿時＿＿分です。：＿＿＿＿＿＿＿＿＿＿＿＿＿＿＿

練習 ③　時刻をハングルで書きましょう。

(1) 8：00　＿＿＿＿＿＿＿＿＿＿　(2) 10：30　＿＿＿＿＿＿＿＿＿＿

(3) 2：25　＿＿＿＿＿＿＿＿＿＿　(4) 5：45　＿＿＿＿＿＿＿＿＿＿

曜日 🔊 103

月曜日	火曜日	水曜日	木曜日	金曜日	土曜日	日曜日
월요일	화요일	수요일	목요일	금요일	토요일	일요일

A: 今日は何曜日ですか。：오늘은 무슨 요일입니까?

B: 今日は＿＿曜日です。：＿＿＿＿＿＿＿＿＿＿＿＿＿＿＿＿

POINT -에をつけると自然な「時をあらわす語」について ◀)) 104

曜日や下記の表にある語には -에（～に）を入れるのが一般的です。

　　例　朝、公園に行きます。아침에 공원에 갑니다.

※어제（昨日）오늘（今日）내일（明日）모레（明後日）언제（いつ）には -에が付きません。

●-에をつけると自然な「時をあらわす語」の一部

春	夏	秋	冬
봄	여름	가을	겨울
明け方	午前	午後	晩
새벽	오전	오후	밤
朝	昼（昼食時）	昼（昼間）	夕方、夜
아침	점심	낮	저녁

先週	今週	来週
지난주	이번 주	다음 주
先月	今月	来月
지난달	이번 달	다음 달

-를/-을 ～を

パッチム無　**과자를**（お菓子を）
パッチム有　**과일을**（果物）

「～を」にあたる助詞は **를** または **을** です。
前の語の語末にパッチムが無い場合 **를** を、パッチムが有る場合 **을** を用います。

練習 4　下線に適切な助詞「を」を入れましょう。

(1) 映画を　영화 _____　　(2) ラーメンを　라면 _____

(3) ビビンバを　비빔밥 _____　　(4) ドラマを　드라마 _____

-ㅂ니다/-습니다 ～です、ます

「～です」や「～ます」にあたる丁寧な形は、用言（動詞、形容詞、指定詞、存在詞）の語幹に -ㅂ니다 か 습니다 をつけます。

POINT　語幹について

　例えば、「見る」を辞書で引いてみると 보다 と出てきます。これを辞書形とよびます。用言の辞書形はすべて -다 で終わり、その 다 の前を語幹と呼びます。

語幹	+	語尾	
보	+	다	見る（動詞）
아름답	+	다	美しい（形容詞）

語幹には以下の 3 つのタイプがあります。

> 子音語幹：語幹末がパッチム（子音）で終わる
> 　　例 먹다（食べる）
> 母音語幹：語幹末にパッチムが無く母音で終わる
> 　　例 가다（行く）
> ㄹ 語 幹：語幹末が ㄹ パッチムで終わる
> 　　例 알다（わかる）

語幹のタイプにより丁寧形の作り方が異なります。

子音語幹（語幹末パッチム有）

手 順　「食べる」　　　먹다（辞書形）
　　　　　　　↓　　① 語尾の 다 をとる
　　　　　　　먹　　　　　（語幹）
　　　　　　　↓　　② 語幹末にパッチムがあるので -습니다 を
　　　　　　　　　　　　　つける、疑問形は -습니까? をつける
　　　「食べます」　　먹습니다
　　　「食べますか」　먹습니까?

母音語幹（語幹末パッチム無）

  手 順 「行く」   **가다**（辞書形）

          ↓ ① 語尾の **다** をとる

        가   （語幹）

          ↓ ② 語幹末にパッチムがないので **-ㅂ니다** を
               つける、疑問形は **-ㅂ니까?** をつける

  「行きます」   **갑니다**
  「行きますか」 **갑니까?**

ㄹ 語幹（語幹末 ㄹ パッチム）

  手 順 「わかる」   **알다**（辞書形）

          ↓ ① 語尾の **다** をとる

        알   （語幹）

          ↓ ② ㄹ パッチムが脱落する

        아

          ↓ ③ パッチムがないので **-ㅂ니다** をつける
              疑問形は **-ㅂ니까?** をつける

  「わかります」 **압니다**
  「わかりますか」 **압니까?**

練習 **5** 例に習って空欄を埋めましょう。

辞書形	語幹	～です・ます （平叙文）	～ですか・ますか （疑問文）
例 먹다 （食べる）	먹	먹습니다	먹습니까?
가다 （行く）			
살다 （住む）			
있다 （ある / いる）			
없다 （ない / いない）			
이다 （～だ）			
아니다 （～でない）			
하다 （する）			

練習 **6** 日本語を韓国語にしましょう。

(1) お昼はお弁当を食べます。　＿＿＿＿＿＿＿＿＿＿＿＿＿＿＿

(2) 土曜日(に)はアルバイトをします。　＿＿＿＿＿＿＿＿＿＿＿＿

(3) 木曜日(に)は大学に行きます。　＿＿＿＿＿＿＿＿＿＿＿＿＿

(4) 火曜日(に)は友達が来ます。　＿＿＿＿＿＿＿＿＿＿＿＿＿

12

応用活動 응용 활동

◀)) 105

補足単語 보충 단어

- □ 다니다 (通う)
- □ 일주일 (一週間)
- □ 공부하다 (勉強する)
- □ 그래요? (そうですか？)
- □ 수업 (授業)
- □ 시작되다 (始まる)
- □ 재미있다 (おもしろい)
- □ 학원 (学院、塾)

●말하기　会話

演習 1 会話文を訳して、読む練習をしましょう。　◀)) 106

사카모토:　저는 한국어 학원에 다닙니다.

　　　　　일주일에 한 번 한국어를 공부합니다.

한 수 민:　그래요? 무슨 요일에 수업이 있습니까?

사카모토:　금요일에 있습니다.

한 수 민:　수업은 몇 시에 시작됩니까?

사카모토:　열 시 사십오 분에 시작됩니다.

　　　　　한국어는 재미있습니다.

演習 2 曜日や時刻の語を入れて１日の生活スタイルや、
一週間のスケジュールなどを文にして話してみましょう。

演習1の日本語訳です。音声を聞きながら練習しましょう。
日本語訳から韓国語で言えて、書けるようにすることを目指します。

坂　本： 私は韓国語の塾に通っています。

　　　　 一週間に1回韓国語を勉強します。

한수민： そうですか。何曜日に授業がありますか。

坂　本： 金曜日にあります。

한수민： 授業は何時に始まりますか。

坂　本： 10時45分に始まります。韓国語は楽しいです。

●듣기　聞き取り

◀))) 107

補足単語
보충 단어

□ 매일 (毎日)　　　　　□ 자주 (よく、しばしば)

□ 일어나다 (起きる)　　□ 야구 (野球)

□ 일 (仕事)　　　　　　□ 운동 (運動)

□ 끝나다 (終わる)

問題 **1**　問題2の音声を聞いて、設問にふさわしい答えを韓国語で書きましょう。

⑴ 몇 시에 아침을 먹습니까?　＿＿＿＿＿＿＿＿＿＿＿

⑵ 무슨 요일에 운동을 합니까?　＿＿＿＿＿＿＿＿＿＿＿

問題 **2**　会話文を聞き、下線部に韓国語で書き込みましょう。　◀))) 108

저는 매일 ＿＿＿＿＿에 일어납니다.

＿＿＿＿＿에는 아침을 먹습니다.

오전 ＿＿＿＿＿에 회사에 갑니다.

오후 ＿＿＿＿＿에 일이 끝납니다.

＿＿＿＿＿에는 자주 ＿＿＿＿＿＿＿.

김밥 하나하고 떡볶이 주세요

のり巻きひとつとトッポッキください。

● **Can do！：個数や金額を用いて注文することができる。**　◀)) 109

基本会話

점　　원: 어서 오세요.

유 미 코: 김밥 하나하고 떡볶이 주세요.

점　　원: 네, 여기 있습니다. 만 원입니다.

　　　　 물은 저쪽에 있습니다.

店　　員：いらっしゃいませ。
由 美 子：のり巻きひとつとトッポッキください。
店　　員：はい、どうぞ。1万ウォンです。
　　　　　水はあちらにあります。

| 語彙 어휘 | 表現 표현 | ◀)) 110 |

□ 어서 오세요（いらっしゃいませ）　□ 김밥（のり巻き）　□ 떡볶이（トッポッキ）
□ 물（水）　□ 저쪽（あちら）　□ - 주세요（〜ください）　□ - 원（ウォン）

演　習

基本会話の下線部を変えて注文をしてみたり、店員になったりしてみましょう。

メニュー	値段
水冷麺 물냉면	8000 원
ビビン冷麺 비빔냉면	8500 원
ビビンバ 비빔밥	6500 원
ビール 맥주 / 焼酎 소주 / コーラ 콜라	3000 원

●平音の濃音化

通常、語頭以外の ㄱ,ㄷ,ㅂ,ㅅ,ㅈ（平音）は濁音になりますが、ㅂ型 ㄷ型 ㄱ型 で発音するパッチムの直後に続いた場合には濁音にならず、濃音の音 ㄲ,ㄸ,ㅃ,ㅆ,ㅉ になります。

　　　　　〈表記〉　　　　　　　　　〈発音〉
例　**떡볶이** (トッポッキ)　　　　**[떡뽀끼]**

濃音＝澄んだ音（清音）で発音する。
その発音をハングルで書き表わす時は
濃音を用いて発音表記をする。

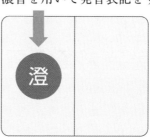

　　　　　　　　　　　　　　発音　　　　　　発音
　　　　ㄱ → [ㄲ]　　ㅅ → [ㅆ]
　　　　ㄷ → [ㄸ]　　ㅈ → [ㅉ]
　　　　ㅂ → [ㅃ]

問題　**実際の発音通りにハングルで書きましょう。**　　　◀)) 111

(1) **숙제** (宿題)　　　[　　　　　]　　(2) **약국** (薬局)　　[　　　　　　]

(3) **학습** (学習)　　　[　　　　　]　　(4) **낮잠** (昼寝)　　[　　　　　　]

(5) **미역국** (ワカメスープ) [　　　　　]　　(6) **축구** (サッカー) [　　　　　　]

13

文法と練習 문법과 연습

補足単語
보충 단어

□ 우체국 （郵便局）　　□ 책상 （机）
□ 시장 （市場）　　　　□ 교실 （教室）
□ 역 （駅）　　　　　　□ 하늘 （空）
□ 방 （部屋）

百の位以上の数

百の位以上は漢数詞を共通して用いるのが一般的です。

「百」**백**、「千」**천**、「万」**만**、「億」**억**、「兆」**조**

＊数詞は万単位で分かち書きをします。56,300 円：**오만 육천삼백 엔**

POINT　「1」**일** をつけない数について

10（**십**）、100（**백**）、1,000（**천**）、10,000（**만**）は **일** をつけません。
億や兆は **일** をつけることが多いです。

金額

韓国の通貨の単位はウォン **원** です。日本円は **엔** です。

＊数詞をハングルで表記する場合は、数詞と単位を分かち書きします。

10（**십**）、100（**백**）、1000（**천**）、10000（**만**）は通常 **일** をつけず、
例えば1万ウォンであれば **만원** といいます。

例　1,500 ウォン　　**천오백 원**
例　12,100 ウォン　　**만 이천백 원**

(1) 100、110、120、130、140

_____

_____

(2) 1,000、1,500、6,000、7,000、8,000、9,000

_____

_____

(3) 10,000、15,000、10 万、100 万、1 億

_____

_____

練習 **2** すべて韓国語にして文を作りましょう。

(1) これは 1,100 ウォンです。　_____

(2) それは 13,800 ウォンですか。　_____

(3) このカバンは 2,790 円です。　_____

方向・場所をあらわす指示代名詞 🔊 113

方向

こちら	そちら	あちら	どちら
이쪽	그쪽	저쪽	어느 쪽

場所

ここ	そこ	あそこ	どこ
여기	거기	저기	어디

練習 **3** 　A を日本語で訳し、B は韓国語で文を作りましょう。

(1) A: 우체국이 어디에 있습니까?　　日本語訳：_____

　　B: （あそこにあります。）

　　_____

(2) A: 시장이 어느 쪽에 있습니까?　　日本語訳：_____

　　B: （あちらです。）

　　_____

(3) A: 역은 이쪽입니까?　　日本語訳：_____

　　B: （いいえ、こちらではありません。）

　　_____

-와/-과/-하고 ~と

例 커피와 빵 = 커피하고 빵 (コーヒーとパン)

例 빵과 커피 = 빵하고 커피 (パンとコーヒー)

「パンとコーヒー」の「と」にあたる助詞は 와 あるいは 과 または 하고 です。
前の語の語末にパッチムが無ければ 와 を、パッチムが有れば 과 を用います。
하고 と言い換え可能で、より書きことばに多用します。

パッチム無 **와** = 하고
パッチム有 **과** = 하고

練習 **4** 下線に語を入れて文を作りましょう。

_____ 에 _____ 와 / 과 _____ 가 / 이 있습니다.

(1) 방、오빠、언니 _____

(2) 책상、종이、연필 _____

(3) 교실、선생님、학생 _____

(4) 하늘、별、달 _____

応用活動 응용 활동

◁)) 114

補足単語 보충 단어

- □ 저기요 (あの、すみません)
- □ 빵 (パン)
- □ 설탕 (砂糖)
- □ 커피 (コーヒー)
- □ 모두 (全て)
- □ 잠깐만요 (少々お待ちください)
- □ 얼마예요? (いくらですか)
- □ 얼마 (いくら)

●말하기 会話

演習 **1** 会話文を訳して、読む練習をしましょう。 ◁)) 115

사카모토: 저기요. 빵 2개하고 커피 1잔 주세요.

점　　원: 잠깐만요. 네, 여기 있습니다.

사카모토: 설탕은 어디에 있습니까?

점　　원: 설탕은 저쪽에 있습니다.

사카모토: 모두 얼마예요?

점　　원: 7,500원입니다.

POINT 　物を差し出すときに用いるフレーズ

여기 있습니다 を直訳すると「ここにあります」ですが、物やお金などを差し出す時に用いられ、「どうぞ」という意味で使用されます。

演習 **2** 演習1の日本語訳です。音声を聞きながら練習しましょう。
日本語訳から韓国語で言えて、書けるようにすることを目指します。

坂　本： あの、すみません。パン2個とコーヒー1杯ください。

店　員： 少々お待ちください。はい、どうぞ。

坂　本： 砂糖はどこにありますか。（「ところで、砂糖は〜」と強調したニュアンス）

店　員： 砂糖はあちらにあります。

坂　本： 全部でいくらですか。

店　員： 7,500ウォンです。

●듣기　聞き取り

◀)) 116

補足単語
보충 단어

□ 배 (梨)

□ 포도 (ぶどう)

□ 주인 (主人)

□ 손님 (お客さん)

□ 좀 깎아 주세요
　　（ちょっとまけてください）

□ 사다 (買う)

□ 내다 (払う、出す)

問題 **1** 問題2の音声を聞いて、設問にふさわしい答えを韓国語で書きましょう。

⑴ 손님은 무엇을 삽니까? _____

⑵ 손님은 얼마 냅니까? _____

問題 **2** 会話文を聞き、下線部に韓国語で書き込みましょう。　　◀)) 117

과일가게 주인: 어서 오세요.

　　손　님: 배 _____ 하고 포도 한 송이 _____.

과일가게 주인: 네, 만 _____입니다.

　　손　님: 좀 깎아 주세요.

과일가게 주인: 그럼, _____입니다.

●漢数詞と固有数詞まとめ

	漢数詞	固有数詞	
1	일	하나	한
2	이	둘	두
3	삼	셋	세
4	사	넷	네
5	오	다섯	
6	육	여섯	
7	칠	일곱	
8	팔	여덟	
9	구	아홉	
10	십	열	
11	십일	열하나	열한
12	십이	열둘	열두
13	십삼	열셋	열세
14	십사	열넷	열네
15	십오	열다섯	

	漢数詞	固有数詞
20	이십	스물 (스무)
30	삼십	서른
40	사십	마흔
50	오십	쉰
60	육십	예순
70	칠십	일흔
80	팔십	여든
90	구십	아흔
100		백
1,000		천
10,000		만
億		억
兆		조
0		영 / 공 / 제로

●助数詞と身の回りの物の語彙②

イラストの助数詞は固有数詞を用います。

日本語と同じように用いるものもあれば異なるものもあります。例えば、

動物を数える場合、韓国語では -마리 を用いてすべてを表すことができます。

＊数詞をハングルで表記する場合は、数詞と助数詞の間を分かち書きします。

송이	마리

벌	개	장

	권

잔	병

포도 （ぶどう）　　꽃 （花）　　　개 （犬）　　　　새 （鳥）

닭 （鶏）　　　　고양이 （猫）　　말 （馬）

물고기 （魚類）/ 생선 （食用）（魚）　양복 （スーツ）　　귤 （みかん）

사과 （リンゴ）　　달걀 （卵）　　　사진 （写真）　　종이 （紙）

책 （本）　　　　　물 （水）　　　　커피 （コーヒー）　홍차 （紅茶）

맥주 （ビール）　　소주 （焼酎）

用言の活用

● **Can do！：用言の活用を理解して自在に活用することができる。**

韓国語は文の述語の部分にさまざまな表現をつけます。述語は主に、動詞、形容詞、存在詞（ある・いる／ない・いない）、指定詞（〜である／〜ではない）といった用言で成り立っています。用言の後ろにさまざまな表現（語尾や接尾辞）を足していくのが特徴です。これは日本語とよく似た文の構成といえます。日本語の例を見てみましょう。

辞書形「読む」が「〜（し）たい」と結びつくために、「読み」と形を変えています。
これを活用といいます。

韓国語も同様で、表現と用言を結びつけるために活用します。
その種類は大きく３つあります。

읽다 (読む) の活用
- I型　　읽
- II型　　읽으
- III型　　읽어

そして、後ろにつく表現である語尾や接尾辞は何型につくかが決まっています。
例えば -고 싶다（〜（し）たい）は常に I型 につきます。従って「読みたい」は 例 のようになります。

例　읽다 (読む) の I型 읽 + 고 싶다 (〜たい)

읽고 싶다 (読みたい)

では、 I型 II型 III型 の活用について学んでいきましょう。

Ⅰ型 （直結型） ……… 行うことは一つです！

手順 ① 辞書形から **다** をとる（語幹）

例 「食べる」 **먹다** （辞書形）

↓ ① 語尾の **다** をとる

먹 （ Ⅰ型 が語幹ということ）

練習 1 用言を Ⅰ型 にして、-지만 （逆説の表現）と結び付けましょう。 🔊)) 119

辞書形	Ⅰ型	Ⅰ型 -지만 （～だが / けれど）
例 입다 （着る） 動詞	입	**입지만** （着るが）
가다 （行く） 動詞		（行くが）
먹다 （食べる） 動詞		（食べるが）
멀다 （遠い） 形容詞		（遠いが）
좋다 （良い） 形容詞		（良いが）
있다 （ある / いる） 存在詞		（あるが / いるが）
-이다 （～だ） 指定詞		（～だが）

Ⅱ型（パッチム型） ……… 行うことは二つです！

手 順

① 辞書形から 다 をとる（語幹）

② 語幹末のパッチムを確認

　・パッチムが有れば後ろに 으 をつける

　・ㄹ パッチムとパッチムが無い場合は語幹のまま（つまり Ⅰ型 と同じ）

例　語幹末パッチム有の場合

　　　　　「食べる」 먹다（辞書形）

　　　　　↓　① 語尾の 다 をとる

　　　　　먹　　（語幹）

　　　　　↓　② 語幹末パッチムが有るので

　　　　　먹으　後ろに 으 をつける

例　語幹末 ㄹ パッチムの場合

　　　　　「知る」 알다（辞書形）

　　　　　↓　① 語尾の 다 をとる

　　　　　알　　（語幹）

　　　　　↓　② 語幹末 ㄹ パッチムなので

　　　　　알　　後ろに 으 をつけない

　　　　　　　（Ⅰ型 と同じ）

例　語幹末パッチム無の場合

　　　　　「行く」 가다（辞書形）

　　　　　↓　① 語尾の 다 をとる

　　　　　가（語幹）

　　　　　↓　② 語幹末パッチムが無いので

　　　　　가　　後ろに 으 をつけない

　　　　　　　（Ⅰ型 と同じ）

辞書形	Ⅱ型	Ⅱ型 -면 （〜たら / ば）
例 **입다** （着る） 動詞	입으	**입으면** （着たら）
가다 （行く） 動詞		（行けば）
먹다 （食べる） 動詞		（食べたら）
멀다 （遠い） 形容詞		（遠ければ）
좋다 （良い） 形容詞		（良ければ）
없다 （ない / いない） 存在詞		（なければ / いなければ）
-가 / -이 아니다 （〜ではない） 指定詞		（〜でなければ）

Ⅲ型 （陰陽母音型） ……… 行うことは三つです！

手順

① 辞書形から 다 をとる（語幹）

② 語幹末の母音を確認する

POINT

・ㅏ、ㅑ、ㅗ　の場合は陽母音

・上記以外は陰母音

③ 陽母音の隣に 아 をつける

　　陰母音の隣に 어 をつける

例　語幹末 陽母音の場合

　　　「掴む」 잡다（辞書形）

　　　　　↓　　　① 語尾の 다 をとる（語幹）

　　　　잡　　② 語幹末の母音を確認

　　　　　↓　　　③ 陽母音なので

　　　잡아　　　後ろに 아 をつける

例　語幹末 陰母音の場合

　　　「食べる」 먹다（辞書形）

　　　　　↓　　　① 語尾の 다 をとる（語幹）

　　　　먹　　② 語幹末の母音を確認

　　　　　↓　　　③ 陰母音なので

　　　먹어　　　後ろに 어 をつける

辞書形	Ⅲ型	Ⅲ型 -서（〜ので）
例 입다 （着る）動詞	입어	입어서 （着るので）
잡다 （掴む）動詞		（掴むので）
먹다 （食べる）動詞		（食べるので）
멀다 （遠い）形容詞		（遠いので）
좋다 （良い）形容詞		（良いので）
있다 （ある / いる） 存在詞		（あるので / いるので）
없다 （ない / いない） 存在詞		（ないので / いないので）

　上記のように語幹末がパッチム有るもの（子音語幹）は 아 / 어 をつけますが、語幹末にパッチムが無い母音の場合（母音語幹）、語幹末の母音と 아 / 어 が融合したり縮約する場合があります。

では、母音語幹の Ⅲ型 を練習していきましょう。

母音語幹の ⅢIII型 の形

語幹末が母音の場合（母音語幹）は、さらに融合形・縮約形・特殊形の三つに分けて考えます。

融合形

語幹末の母音が ト、ㅓ、ㅕ の場合、語幹の後ろにつける 아 / 어 の音が重なり文字も融合します。

> 例 가다「行く」　가 (陽母音) → 가+아 → 가
> 例 서다「立つ」　서 (陰母音) → 서+어 → 서
> 例 켜다「ともす」켜 (陰母音) → 켜+어 → 켜

縮約形

日常会話やメールなど、比較的柔らかい文体の場合は、縮約形を使うことが多く、契約書などの固い文体では、縮約形にしないことがあります。

・語幹の母音が ㅗ、ㅜ の場合

　ㅗ (陽母音) + 아 → 와 と縮約されやすい
　ㅜ (陰母音) + 어 → 워 と縮約されやすい

> 例 보다「見る」　보 (陽母音) → 보아 → 봐
> 例 두다「置く」　두 (陰母音) → 두어 → 둬

・語幹の母音が ㅐ, ㅔ の場合

　ㅐ (陰母音) + 어 → ㅐ と縮約されやすい
　ㅔ (陰母音) + 어 → ㅔ と縮約されやすい

> 例 내다「出す」　내 (陰母音) → 내어 → 내
> 例 세다「数える」세 (陰母音) → 세어 → 세

・語幹の母音が ｜ の場合

｜（陰母音） + 어 → ㅕ と縮約されやすい

> 例　마시다「飲む」　마시（陰母音）→ 마시어 → 마셔

・되다「なる」の場合

ㅚ（陰母音） + 어 → ㅙ と縮約されやすい

> 例　되다「なる」　　되（陰母音）→되어 → 돼

特殊形

・하다「する」と 하다 用言

유명하다「有名だ」のように名詞＋하다 の用言を「하다 用言」と呼びます。

Ⅲ型 では 해 の形で用いられる。（固い文体では 하여 の形も見られる）

> 例　辞書形　　　→　　　Ⅲ型
> 하다「する」　　　해
> 공부하다「勉強する」　공부해
> 유명하다「有名だ」　유명해

・指定詞 -이다「〜だ」、-가 / -이 아니다「〜ではない」

-이다 の Ⅲ型 は直前にくる名詞の語末がパッチムか否かにより形が異なります。

> 例　　　　　辞書形　　　→　　　Ⅲ型
> パッチム有　회사원이다　회사원이어
> パッチム無　주부이다　　주부이어 → 주부여

-가 / -이 아니다 はパッチムの有無に関わらず -가 / -이 아니어 になります。

> 例
> 주부가 아니다　→　주부가 아니어
> 회사원이 아니다　→　회사원이 아니어

練習 **4** 母音語幹の Ⅲ型 の形にし、語尾と結び付けましょう。　　🔊) 122

辞書形	Ⅲ型	Ⅲ型 -서 (〜ので)
例 **가다** (行く) 動詞	가아 → 가	가서 (行くので)
오다 (来る) 動詞	→	 (来るので)
되다 (なる) 動詞	→	 (なるので)
배우다 (習う) 動詞	→	 (習うので)
보내다 (送る) 動詞	→	 (送るので)
시다 (すっぱい) 形容詞	→	 (すっぱいので)
유명하다 (有名だ) 形容詞		 (有名なので)
주부이다 (主婦だ) 指定詞	→	 (主婦なので)
회사원이다 (会社員だ) 指定詞		 (会社員なので)
주부가 아니다 (主婦ではない) 指定詞		 (主婦ではないので)

●活用のまとめ

> Ⅰ型（直 結 型）… 語幹の形
> Ⅱ型（パッチム型）… 語幹末にパッチムがあれば 으 をつける
> Ⅲ型（陰陽母音型）… 語幹末の母音により 아 / 어 をつける

●用言の活用の例 ◀)) 123

	辞書形	Ⅰ型	Ⅱ型	Ⅲ型	Ⅲ型-요
動　詞	막다	막	막으	막아	막아요
	먹다	먹	먹으	먹어	먹어요
形容詞	작다	작	작으	작아	작아요
	적다	적	적으	적어	적어요
存在詞	있다	있	있으	있어	있어요
	없다	없	없으	없어	없어요
指定詞	이다	이	이	이어	이에요
				여	예요
	아니다	아니	아니	아니어	아니에요

막다（遮る、塞ぐ）적다（少ない）

母音語幹における Ⅲ型 のまとめ

母音語幹の場合、Ⅲ型 で融合形・縮約形・特殊形を多く用います。

ㅏ + 아 → ㅏ	가다 :	가 + 아 ⇒ 가아 ⇒ 가
ㅓ + 어 → ㅓ	서다 :	서 + 어 ⇒ 서어 ⇒ 서
ㅐ + 어 → ㅐ	내다 :	내 + 어 ⇒ 내어 ⇒ 내
ㅣ + 어 → ㅕ	마시다 :	마시 + 어 ⇒ 마시어 ⇒ 마셔
ㅜ + 어 → ㅝ	배우다 :	배우 + 어 ⇒ 배우어 ⇒ 배워
ㅗ + 아 → ㅘ	보다 :	보 + 아 ⇒ 보아 / 봐
ㅚ + 어 → ㅙ	되다 :	되 + 어 ⇒ 되어 / 돼
하다 / 하다 用言	하다 :	해 （하여 は 해 の書き言葉）

この課で学んだように、韓国語は 3 つの活用方法があります。

本書では、それぞれの表現（語尾や接尾辞）の前に何型の用言と結びつくかを、以下のように提示しています。

表記の例

Ⅰ型 -지만	지만 （〜だが / けれど）は「用言の Ⅰ型 につく」という意味
Ⅱ型 -면	면 （〜たら / ば）は「用言の Ⅱ型 につく」という意味
Ⅲ型 -서	서 （〜ので）は「用言の Ⅲ型 につく」という意味

練習 **5** （　）に用言の意味を書き、I型、II型、III型の型を作りましょう。

辞書形	I型	II型	III型
먹다（　　　　）			
같다（　　　　）			
많다（　　　　）			
서다（　　　　）			
보다（　　　　）			
살다（　　　　）			
내다（　　　　）			
되다（　　　　）			/
마시다（　　　　）			
하다（　　　　）			
회사원이다（　　　　）			
주부이다（　　　　）			
있다（　　　/　　　）			
없다（　　　/　　　）			

第15課 식당이 어디에 있어요?

食堂はどこにありますか。

● Can do！：場所を尋ねたり案内することができる。 🔊) 124

基本会話

유 미 코: 준호 씨, 주말에 뭐 해요?

김 준 호: ①식당에서 아르바이트를 해요.

유 미 코: ①식당이 어디에 있어요?

김 준 호: 공원 ②옆에 있어요.

由 美 子:	ジュノさん、週末に何しますか。
김 준 호:	食堂でアルバイトをします。
由 美 子:	食堂はどこにありますか。
김 준 호:	公園の横にあります。

語彙 어휘 → **表現** 표현 🔊) 125

□ 주말 （週末）　　□ 뭐 （何：무엇の縮約形）　　□ 공원 （公園）　　□ 옆 （横、となり）

演　習

下線部を変えて対話文を作り話してみましょう。①には下にある場所を示す語を入れます。②には位置を示す語を入れます。次ページをご覧ください。

● 場所を示す語彙 🔊) 126

백화점 （デパート）　　호텔 （ホテル）　　노래방 （カラオケ）　　시장 （市場）

영화관 （映画館）　　카페 （カフェ）　　마트 （マート）　　편의점 （コンビニ）

◄)) 127

補足単語
보충 단어

□ 영화 (映画)　　　　　□ 술 (酒)

□ 보다 (見る)　　　　　□ 요리 (料理)

□ 맛있다 (美味しい)　　□ - 시간 (〜時間)

□ 자다 (寝る)　　　　　□ 기다리다 (待つ)

●方向や位置を示す語彙 ◄)) 128

오른쪽	右側	아래	下、下部	밖	外
왼쪽	左側	앞	前	안	中
위	上	뒤	後ろ	속	中、奥
밑	真下、底	옆	横	가운데	真ん中

POINT　「下」밑 と 아래 について

밑 と 아래 両方使える場合もありますが、例えば「机の下」の場合、机の範囲の真下は 밑 を用いて 책상 밑 となり、斜め下も含める広い範囲の下は 책상 아래 になります。

POINT　「中」안 と 속 について

안 と 속 両方使える場合もありますが、속 は容易く目で確認できない場合、例えば「心の中」は 마음 속 を用います。안 は例えば「家の中」집 안 のようにある程度の空間の中を指し、反対に「外」は 밖 を用います。

POINT　「〜の」-의 を用いない場合（一例）

①位置を示す場合：「机の上」책상 위 のように位置を示す語の前。

②種類を示す場合：「韓国語の先生」한국어 선생님 のように、あるカテゴリーの中のひとつをあらわすとき。

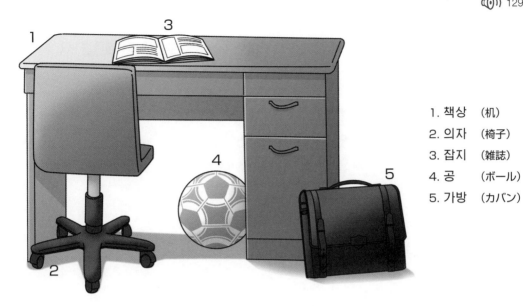

1. 책상　(机)
2. 의자　(椅子)
3. 잡지　(雑誌)
4. 공　　(ボール)
5. 가방　(カバン)

練習 **1**　絵を見て答えましょう。

1.　A: 의자가 어디에 있어요? (앞)

　　B: _____

2.　A: 잡지가 어디에 있어요? (위)

　　B: _____

3.　A: 공이 어디에 있어요? (밑)

　　B: _____

4.　A: 가방이 어디에 있어요? (아래)

　　B: _____

Ⅲ型 -요 〜です、ます

用言の丁寧形「〜です、ます」を日常生活で用いる場合、非格式体の Ⅲ型 -요 を多用します。

例　　　辞書形　　⇒ Ⅲ型 ⇒ Ⅲ型 -요
　　있다 (ある、いる) ⇒ 있어 ⇒ 있어요 (あります、います)
　　알다 (分る)　　⇒ 알아 ⇒ 알아요 (分ります)

また「〜しましょう」のような勧誘の意味でも用いられます。

例 같이 가요. (いっしょに行きましょう。)

🐦 POINT　　用言の丁寧形について

丁寧形「〜です、ます」にあたる韓国語は、公式的な場などで使用する格式体 -습니다 / -ㅂ니다 と、日常生活などのカジュアルな場で多く使用する非格式体 Ⅲ型 -요 があります。Ⅲ型 -요 の疑問文はクエスチョンマークをつけ、イントネーションを上げます。

練習 2 　例にならって丁寧形「〜です、ます」の非格式体と格式体を作りましょう。

辞書形	Ⅲ型	Ⅲ型 -요 (非格式体)	-ㅂ니다 / -습니다 (格式体)
例 먹다 (食べる)	먹어	먹어요	먹습니다
만나다 (会う)			
오다 (来る)			
마시다 (飲む)			
읽다 (読む)			
멋있다 (かっこいい)			

보내다 (送る)			
좋다 (良い)			
되다 (なる)	/	/	
하다 (する)			

練習 **3**　例にならって格式体を非格式体にしましょう。

例　아침은 밥을 <u>먹습니다</u>. → ［辞書形 　먹다 　］

考え方　<u>먹습니다</u> を辞書形にしてから導きだします。

먹습니다 ［辞書形 　먹다 　］ → Ⅲ型 먹어 → 먹어요

答 え　<u>아침은 빵을 먹어요.</u>

(1) 가족과 영화를 <u>봅니까?</u> → ［辞書形 　　　　　　　］

_____

(2) 내일도 여섯 시간 <u>잡니다.</u> → ［辞書形 　　　　　　　］

_____

(3) 친구와 술을 <u>마십니다.</u> → ［辞書形 　　　　　　　］

_____

(4) 그 요리는 <u>맛있습니까?</u> → ［辞書形 　　　　　　　］

_____

(5) 저는 서울에 <u>삽니다.</u> → ［辞書形 　　　　　　　］

_____

-에서 ~で

場所を示す単語の後につく「で」は에서という助詞を用います。

例 **학교에서** (学校で) 　　　**식당에서** (食堂で)

場所の代名詞である、**여기** (ここ)、**거기** (そこ)、**저기** (あそこ)、**어디** (どこ)、の後では 에서 でなく 서 が多用されやすいです。

例 **여기서** (ここで)　**거기서** (そこで)　**저기서** (あそこで)　**어디서** (どこで)

練習 4 指定の語を用いて韓国語にします。非格式体で文を作りましょう。

(1) 家でテレビを見ます。(집, 티브이(TV), 보다)

_____

(2) 駅の前で母を待ちます。(역 앞, 기다리다)

_____

(3) 教室の外で友達と話します。(교실 밖, 얘기하다)

_____

応用活動 응용 활동

🔊) 130

補足単語
보충 단어

☐ 근처 (近所) ☐ 또 (また)
☐ 많다 (多い) ☐ 하지만 (しかし)
☐ 은행 (銀行) ☐ 그 후 (その後)

●말하기　会話

演習 1　文章を読んで、下線の用言を丁寧形にしましょう。
格式体、非格式体の形を作って表に書きましょう。　🔊) 131

> 　저는 대학교 뒤에 <u>살다</u>(1). 근처에는 건물이 <u>많다</u>(2). 대학교 왼쪽에는 병
> 원하고 은행이 <u>있다</u>(3). 또 대학교 오른쪽에는 영화관과 백화점도 <u>있다</u>(3).
> 　하지만 호텔은 <u>없다</u> (4). 내일은 친구하고 12시 30분에 백화점 앞에서
> <u>만나다</u>(5). 그리고 밥을 <u>먹다</u>(6). 그 후에 영화를 <u>보다</u>(7).

辞書形	格式体 -ㅂ니다 / -습니다	非格式体 Ⅲ型 -요
(1) 살다		
(2) 많다		
(3) 있다		
(4) 없다		
(5) 만나다		
(6) 먹다		
(7) 보다		

演習 2　非格式体で文章を読む練習をしましょう。　🔊) 132

演習 **3**　演習2の日本語訳です。音声 🔊 132 を聞きながら練習しましょう。
日本語訳から韓国語で言えて、書けるようにすることを目指します。

　　私は大学の裏に住んでいます。近所には建物が多いです。大学の左には病院と銀行が
あります。また、大学の右には映画館とデパートがあります。しかしホテルはありません。
明日は友達と12：30にデパートの前で会います。そしてご飯を食べます。その後に映
画を見ます。

●듣기　聞き取り

> **補足単語**
> 보충 단어
> □ 안내인 (案内人)　　　□ 고마워요 (= 고맙습니다
> □ 주차장 (駐車場)　　　　ありがとうございます)

問題 **1**　音声を聞いて、設問にふさわしい答えを非格式体で書きましょう。

(1) 식당은 몇 층에 있습니까?　_____

(2) 주차장은 어디에 있습니까?　_____

問題 **2**　会話文を聞き、下線部に韓国語で書き込みましょう。　🔊 134

손　님: 저기, 식당은 7층에 _____?

안내인: 네, _____과 _____에도 있습니다.

손　님: 주차장은 _____에 있어요?

안내인: 주차장은 백화점 _____에 있습니다.

손　님: 고마워요.

취미가 뭐예요? 趣味は何ですか。

● Can do！：相手に趣味を尋ねたり、自分の好みを伝えることができる。　◀))) 135

基本会話

유 미 코: 준호 씨, 취미가 뭐예요?

김 준 호: 드라이브예요. 유미코 씨는요?

유 미 코: 저는 여행을 좋아해요.

由 美 子：　ジュノさん、趣味は何ですか。

김 준 호：　ドライブです。由美子さんは。

由 美 子：　私は旅行が好きです。

◀))) 136

□ 취미 （趣味）　　□ 드라이브 （ドライブ）　　□ 여행 （旅行）

演　習

基本会話の下線部を変えて、趣味について韓国語で会話をしてみましょう。下記の単語を参考にしましょう。

●趣味に関する語彙　◀))) 137

골프 （ゴルフ）　　테니스 （テニス）　　농구 （バスケットボール）　　독서 （読書）

축구 （サッカー）　　배구 （バレーボール）　　야구 （野球）　　탁구 （卓球）

산책 （散歩）　　수영 （水泳）　　게임 （ゲーム）

음악 감상 （音楽鑑賞）　　영화 감상 （映画鑑賞）　　맛집 탐방 （食べ歩き）

등산 （登山）　　댄스 （ダンス）　　마라톤 （マラソン）

補足単語 보충 단어
- ☐ 출신 (出身)
- ☐ 번역가 (翻訳家)
- ☐ 지금 (今)
- ☐ 한국어로 (韓国語で)

-예요/-이에요 ～です

「～だ」-이다 の丁寧形非格式体です。格式体は -입니다 です。
体言の語末にパッチムが無ければ 예요 を、パッチムが有れば 이에요 となります。

パッチム無　**사카모토** 예요. (坂本です。)
パッチム有　**이유진** 이에요. (イユジンです。)

練習 1 下線部の辞書形は「-이다」です。
　　　　「-예요 / -이에요」に変えて文を作りましょう。

(1) 오빠는 공무원<u>입니다</u>.　　→ _____

(2) 지금 몇 시<u>입니까</u>?　　→ _____

(3) 출신은 도쿄<u>입니다</u>.　　→ _____

(4) 그것이 무엇<u>입니까</u>?　　→ _____

-가/-이 아니에요 ～ではありません

体言を否定する「～でない」-아니다 の丁寧形非格式体は -아니에요 です。体言の語末
にパッチムが無ければ -가 を、パッチムが有れば -이 を前につけます。

パッチム無　**사카모토** 가 아니에요. (坂本ではありません。)
パッチム有　**이유진** 이 아니에요. 　(イユジンではありません。)

練習 **2** 例にならって肯定文を否定文に変えましょう。

例 그 사람은 대학생이에요. → <u>그 사람은 대학생이 아니에요.</u>

(1) 취미는 음악감상이에요. _____

(2) 화장실은 오른쪽이에요. _____

(3) 저는 번역가예요. _____

(4) 그 사람은 야마다 씨예요? _____

-(이)라고 하다 ～という

例 한국어로 뭐라고 해요? (韓国語で何といいますか。)
例 선생님이라고 해요. (선생님 (先生) といいます。)

「～といいます」のように引用を表す場合は、-(이)라고 하다 を用います。
体言の語末にパッチムが無ければ -라고 を、パッチムが有れば -이라고 とします。また、
사카모토라고 해요.（坂本と申します。）のように名前を丁寧に伝えたい場合にも用いら
れます。

練習 **3** 例にならって会話文を作りましょう。

例 A: 携帯電話を韓国語で뭐라고 해요? (휴대폰 : 携帯電話)

B: <u>휴대폰이라고 해요.</u>

(1) A: トイレを韓国語で뭐라고 해요?

B: _____ (화장실 : トイレ)

⑵　A: 비어를 한국어로 뭐라고 해요?

　　B: ＿＿＿＿＿＿＿＿＿＿＿＿＿＿＿＿＿＿＿＿＿　(맥주 : ビール)

⑶　A: お金를 한국어로 뭐라고 해요?

　　B: ＿＿＿＿＿＿＿＿＿＿＿＿＿＿＿＿＿＿＿＿＿　(돈 : お金)

⑷　A: 안녕하세요? 저는 사카모토라고 해요.

　　B: 안녕하세요? 저는 ＿＿＿＿＿＿＿＿＿＿＿＿＿　(自分の名前)

-를／-을 좋아하다 (好む)、-를／-을 싫어하다 (嫌う)

例　일본을 좋아해요. (日本が好きです。)

例 のように日本語では「〜が」を用いますが、韓国語では「〜を」にあたる -를／-을 を用い、「〜が好きだ」は -를／-을 좋아하다、「〜が嫌いだ」は -를／-을 싫어하다 とします。

練習 4　（　）の語を用い、韓国語で文を作りましょう。

⑴　何が好きですか。(무엇)

＿＿＿＿＿＿＿＿＿＿＿＿＿＿＿＿＿＿＿＿＿＿＿＿＿＿＿＿＿＿＿

⑵　旅行が好きです。(여행)

＿＿＿＿＿＿＿＿＿＿＿＿＿＿＿＿＿＿＿＿＿＿＿＿＿＿＿＿＿＿＿

⑶　野菜が嫌いです。(야채)

＿＿＿＿＿＿＿＿＿＿＿＿＿＿＿＿＿＿＿＿＿＿＿＿＿＿＿＿＿＿＿

応用活動 응용 활동

◀》 139

補足単語
보충 단어　　□ 직업 (職業)　　　　□ 일하다 (働く)

●말하기　会話

演習 **1**　会話文を訳して、読む練習をしましょう。　　◀》 140

이 유 진: 제 이름은 이유진이에요.

사카모토: 저는 사카모토라고 해요. 유진 씨, 취미가 뭐예요?

이 유 진: 제 취미는 여행이에요. 일본을 좋아해요.

　　　　　사카모토 씨는 취미가 뭐예요?

사카모토: 제 취미는 サッカー예요.

　　　　　サッカー는 한국어로 뭐라고 해요?

이 유 진: 축구라고 해요.

演習 **2**　非格式体を用いて自己紹介をしましょう。
相手に趣味を尋ねたり、自分の好みを韓国語で伝えましょう。

POINT　　表現を丁寧にする -요 について

115 ページ基本会話のように「由美子さんは？」と言うときに、日本語は丁寧形「～
ですか」をつけませんが、韓国語は文末に -요 をつけないと、ぞんざいな言葉遣いに
なってしまいます。

例　유미코 씨는요? 「由美子さんは？」

例のように文脈上、유미코 씨는 취미가 뭐예요? 「(では) 由美子さんは趣味がなん
ですか。」のことだとわかる場合には　　部分を省略しやすいですが、文末の -요 は残
して表現を丁寧にします。

演習１の日本語訳です。音声を聞きながら練習しましょう。
日本語訳から韓国語で言えて、書けるようにすることを目指します。

이유진： 私の名前はイユジンです。

坂　本： 私は坂本と申します。ユジンさん、趣味は何ですか。

이유진： 私の趣味は旅行です。

日本が好きです。

坂本さんは趣味は何ですか。

坂　本： 私の趣味はサッカーです。サッカーは韓国語で何といいますか。

이유진： 축구 といいます。

●듣기　聞き取り

問題 **1** 問題２の音声を聞いて、設問にふさわしい答えを非格式体で書きましょう。

⑴ 노리코 씨, 직업이 무엇입니까? _____

⑵ 희철 씨는 어디서 일합니까? _____

問題 **2** 会話文を聞き、下線部に韓国語で書き込みましょう。　🔊) 141

강 희 철： 안녕하세요? 저는 강희철 _____ _____.

이토 노리코： 안녕하세요? 저는 이토 노리코 _____ _____.

강 희 철： 노리코 씨, 학생 _____?

이토 노리코： 아뇨, 학생이 _____. 교사예요.

희철 씨는 직업이 뭐 _____?

강 희 철： 저는 호텔에서 _____.

뭐 먹고 싶어요?

何食べたいですか。

● Can do !：希望を伝えることができる。　　　　　　　　　🔊) 142

基本会話

유미코： 뭐 <u>먹고</u> 싶어요?

김준호： <u>치킨</u>을 먹고 싶어요.

유미코： 저는 <u>고기</u>는 먹고 싶지 않아요.

김준호： 그럼 <u>생선</u>은 어때요?

유미코： 네, 좋아요.

由 美 子：	何食べたいですか。
김 준 호：	チキンを食べたいです。
由 美 子：	私は肉は食べたくないです。
김 준 호：	じゃあ、お魚はどうですか。
由 美 子：	はい、良いです。

語彙 어휘 ─ **表現** 표현　🔊) 143

□ 치킨（チキン）　　□ 고기（肉）　　□ 생선（魚）　　□ 어때요?（どうですか）

演 習

下線部を変えて、自分のしたい事について話をしてみましょう。

마시다（飲む）	커피（コーヒー） 술（酒） 주스（ジュース） 물（水）
먹다（食べる）	찌개（チゲ） 냉면（冷麺） 갈비（カルビ） 회（刺身）
입다（着る）	치마（スカート） 바지（ズボン） 코트（コート） 양복（スーツ）
보다（見る）	영화（映画） 드라마（ドラマ） 만화（漫画） 뮤지컬（ミュージカル）

◁») 144

補足単語 보충 단어

□ 집 (家)	□ 책을 읽다 (本を読む)
□ 넓다 (広い)	□ 집에 가다 (家に帰る)
□ 지하철 (地下鉄)	□ 놀다 (遊ぶ)
□ 내리다 (降りる)	□ 멀다 (遠い)
□ 결혼하다 (結婚する)	□ 걸리다 ((時間が) かかる)
□ 사진을 찍다 (写真を撮る)	□ 얼마나 (どのくらい)

안 -/ Ⅰ型 -지 않다 〜ない

「来ません」のような用言の否定を表す表現は二つあります。

一つは用言の前に 안 をつけます。もう 一つは用言の Ⅰ型 の後ろに 지 않다 をつけます。

例 **오다 (来る)**

	안-	Ⅰ型 -지 않다
格式体	안 옵니다	오지 않습니다
非格式体	안 와요	오지 않아요

운동하다 (運動する) のように 하다 がつく用言 (하다 用言) の動詞は、운동 と 하다 の間に否定の 안 を入れます。

例 **운동하다 (運動する)**

	안-	Ⅰ型 -지 않다
格式体	○ 운동 안 합니다 × 안 운동합니다	운동하지 않습니다
非格式体	○ 운동 안 해요 × 안 운동해요	운동하지 않아요

練習 1 例にならって否定形にしましょう。

辞書形	안-	I型 -지 않다
例 가다 (行く)	안 갑니다 안 가요	가지 않습니다 가지 않아요
내리다 (降りる)		
웃다 (笑う)		
울다 (泣く)		
좁다 (狭い)		
전화하다 (電話する)		

練習 2 안- と I型 -지 않다 を用いて非格式体で会話文を作りましょう。

(1) A: 내일 친구를 만나요?

　　B: 아뇨, _____

　　B: 아뇨, _____

(2) A: 집이 넓어요?

　　B: 아뇨, _____

　　B: 아뇨, _____

⑶　A: 여기서 지하철을 내려요?

　　B: 아뇨, _____

　　B: 아뇨, _____

⑷　A: 지금 뭐 해요? 공부해요?

　　B: 아뇨, _____

　　B: 아뇨, _____

Ⅰ型 -고 싶다 ～(し)たい

例　가고 싶다 (行きたい)
　　格式体　가고 싶습니다. (行きたいです。)
　　非格式体　가고 싶어요.　　(行きたいです。)

「行きたいです」のような願望の表現は、 Ⅰ型 に 고 싶다 をつけます。語尾は格式体は
싶습니다、非格式体は 싶어요 となります。

「～したくない」の場合はどのようになるでしょうか。
日本語と同じように考えてみましょう。「～したい」Ⅰ型 -고 싶다 に続けて否定の～（く）
ない Ⅰ型 -지 않다 をつけます。

　　　　行きたい　＋　～ない　⇒　行きたくない
例　가고 싶다 + -지 않다 ⇒ 가고 싶지 않다

練習 **3** （　）の語句を入れて適切な会話文を作りましょう。

(1) A: 여름에 무엇을 하고 싶어요? (유학을 하다 : 留学をする)

B: _____

(2) A: 어디서 결혼하고 싶어요? (하와이 : ハワイ)

B: _____

(3) A: 무엇을 사고 싶어요? (옷 : 服)

B: _____

(4) A: 주말에 무엇을 하고 싶어요? (연극을 보다 : 演劇を見る)

B: _____

(5) A: 다음 주 어디에 가고 싶어요? (산에 가다 : 山に行く)

B: _____

練習 **4** Ⅰ型 -지 않다 를 用いて「〜したくないです」という文にしましょう。

例 술을 마시고 싶다 ⇒ 술을 마시고 싶지 않아요

(1) 사진을 찍고 싶다 ⇒ _____

(2) 책을 읽고 싶다 ⇒ _____

(3) 집에 가고 싶다 ⇒ _____

(4) 그 친구와는 놀고 싶다 ⇒ _____

-에서 -까지 　場所 ～から～まで

「ソウルから空港まで」のように、場所を対象にした「〜から〜まで」は -에서 -까지 を用います。

例 　**서울에서 공항까지 가요.**

（ソウルから空港まで行きます。）

練習 **5** 日本語を韓国語にしましょう。

(1)　家から駅まで 10 分かかります。　　　_____

(2)　駅から会社まで遠いです。　　　　　　_____

(3)　ここから会社までは遠くありません。

_____

(4)　日本から韓国までどのくらいかかりますか。

_____

応用活動 응용 활동

◀ 145

補足単語 보충 단어

□ 공항 (空港)　　　□ 어떻게 (どのように)

□ -행 (~行き)　　　□ 먼저 (まず)

□ 버스 (バス)　　　□ 전철 (電車)

□ 서다 (止まる)　　□ -를 / -을 타다 (~に乗る)

●말하기　会話

演習 1 会話文を訳して、読む練習をしましょう。　◀ 146

사카모토: 내일 공항에 가고 싶어요. 이 역에는 공항행 버스가 와요?

이 유 진: 아니요, 안 와요.

　　　　　이 역에는 서지 않아요.

사카모토: 그럼, 공항에 어떻게 가요?

이 유 진: 먼저 서울역까지 가요.

　　　　　그리고 서울역에서 공항까지 전철을 타요.

사카모토: 네, 고마워요.

演習 2 あなたの希望は何ですか。それを叶えるために何をしたら良いと思いますか。
韓国語で文を作って発表してみましょう。

_____

_____

_____

_____

_____

演習 **3** 演習１の日本語訳です。音声を聞きながら練習しましょう。
日本語訳から韓国語で言えて、書けるようにすることを目指します。

坂　本：　明日空港に行きたいです。この駅には空港行きバスが来ますか。

이유진：　いいえ、来ません。この駅には止まりません。

坂　本：　では、空港にどうやって行きますか。

이유진：　まずソウル駅まで行きます。それからソウル駅から空港まで電車に乗ります。

坂　本：　はい、ありがとうございます。

●듣기　聞き取り

🔊) 147

補足単語
보충 단어

☐ 휴일 (休日)　　　☐ 혹시 (もしかして)

☐ 평일 (平日)　　　☐ 쯤 (くらい)

☐ 바다 (海)　　　　☐ 차가 막히다 (車が混む)

問題 **1** 問題２の音声を聞いて、設問にふさわしい答えを非格式体で書きましょう。

⑴　준호 씨는 뭐 하고 싶습니까?　＿＿＿＿＿＿＿＿＿＿

⑵　유미코 씨는 뭐 하고 싶습니까?　＿＿＿＿＿＿＿＿＿＿

問題 **2** 会話文を聞き、下線部に韓国語で書き込みましょう。　🔊) 148

김 준 호：　모레는 휴일이에요.

　　　　　유미코 씨하고 드라이브를 ＿＿＿＿＿＿.

유 미 코：　네, 좋아요. 저는 ＿＿＿를 ＿＿＿＿＿.

　　　　　혹시 ＿＿＿＿＿ ＿＿＿＿＿＿ 멀어요?

김 준 호：　아뇨, ＿＿＿＿＿＿.

　　　　　평일에는 한 시간쯤 걸려요.

　　　　　하지만 휴일에는 차가 막혀요. 괜찮아요?

어제 뭘 했어요?

昨日何をしましたか。

● Can do！：過去の出来事を伝えることができる。　　　🔊 149

基本会話

김 준 호 : 유미코 씨, 어제 뭘 했어요?

유 미 코 : 친구 생일 파티에 갔어요.

　　　　　친구한테 생일 선물을 주었어요.

김 준 호 : 파티는 몇 시부터 몇 시까지 했어요?

유 미 코 : 1시부터 2시 반까지 했어요. 재미있었어요.

　　　김 준 호 :　由美子さん、昨日何をしましたか。
　　　由 美 子 :　友達の誕生日パーティーに行きました。
　　　　　　　　　友達に誕生日プレゼントをあげました。
　　　김 준 호 :　パーティーは、何時から何時までしましたか。
　　　由 美 子 :　1時から2時半までしました。楽しかったです。

　　　🔊 150

□ 뭘 (＝ 무엇을 の縮約　何を)　　□ 생일 파티 (誕生日パーティー)

□ 주다 (あげる)

POINT　「～に」-에게 と -한테 について

　「友達にあげる」のように人や動物に用いる「～に」は -에게 あるいは -한테 です。
　話し言葉では -한테 が多用されます。

演　習

下線部を変えて、昨日したことを韓国語で話してみましょう。

◁)) 151

補足単語
보충 단어

□ 편지 (手紙)　　□ 쓰다 (書く)
□ 신오쿠보 (新大久保)　　□ 시험 (試験)
□ 숟가락 (スプーン)

Ⅲ型 **-ㅆ-** （過去の接尾辞）〜した

例　회사에서 일했어요.

（会社で働きました。）

「仕事をしました」のような過去形は Ⅲ型 に過去の接尾辞 ㅆ を付けます。語尾は格式体
であれば Ⅲ型 -ㅆ습니다、非格式体は Ⅲ型 -ㅆ어요 となります。

辞書形	Ⅲ型	Ⅲ型 -ㅆ-	格式体	非格式体
하다 (する)	해	했다	했습니다	했어요
만나다 (会う)	만나	만났다	만났습니다	만났어요
먹다 (食べる)	먹어	먹었다	먹었습니다	먹었어요

練習 **1**　例にならって過去形にしましょう。

辞書形	Ⅲ型	格式体	非格式体
例 가다 (行く)	가	갔습니다	갔어요
기다리다 (待つ)			
보다 (見る)			
배우다 (習う)			
좋다 (良い)			

공부하다 (勉強する)			
되다 (なる)	/	/	/
학생이다 (学生だ)			
친구이다 (友達だ)			
있다 (いる / ある)			
없다 (いない / ない)			

練習 2　日本語を韓国語にして文を作ります。文末は非格式体にしましょう。

(1)　昨日は午前9時から午後5時まで働きました。

_____

(2)　家から学校まで1時間かかりました。

_____

(3)　新大久保で先生を見ました。

_____

-부터 -까지　時 ～から～まで

例　아침부터 점심까지 회사에서 일했어요.

　　（朝から昼まで会社で働きました。）

時や順序を対象にした「～から～まで」は -부터 -까지 を用います。

(1) A: 몇 시부터 몇 시까지 공부했어요?　(朝から夕方まで)

B: _____

(2) A: 무슨 요일에 수업이 있었어요?　(月曜日から木曜日まで)

B: _____

(3) A: 시험은 언제였어요?　(10月20日から23日まで)

B: _____

-(으)로 ～で

「高速バスで行きました」のように手段や方法をあらわす「～で」です。
直前の語末にパッチムが無いときや、ㄹ パッチムのときは 로 になり、パッチムが有る
ときは 으로 となります。

例 비행기로　　(飛行機で)(パッチム無)
例 신간선으로　(新幹線で)(パッチム有)
例 지하철로　　(地下鉄で)(ㄹ パッチム)

練習 **4**　適切な語を入れて、文を作りましょう。

(1) 한국에 비행기_____ 가요?

(2) 한국 사람은 숟가락_____ 밥을 먹어요.

(3) 편지는 연필_____ 씁니다.

応用活動 응용 활동

◁)) 152

補足単語 보충 단어

□ 고속버스 (高速バス) □ 약 (約)

□ 민속촌 (民俗村) □ 아주 (とても)

●말하기　会話

演習 **1**　会話文を訳して、読む練習をしましょう。　◁)) 153

이 유 진: 주말에는 뭘 했어요?

사카모토: 토요일에는 아침부터 점심까지 회사에서 일했어요.

　　　　　그리고 저녁에는 친구를 만났어요.

　　　　　일요일에는 고속버스로 민속촌에 갔어요.

이 유 진: 민속촌까지 얼마나 걸렸어요?

사카모토: 약 1시간쯤 걸렸어요. 아주 재미있었어요.

演習 **2**　自分が行った事を韓国語で作り、相手にインタビューしたり答えたりして、
　　　　演習1のような会話文を作りましょう。

質問	自分	(　　　　)씨
월요일		
화요일		
수요일		
목요일		
금요일		

演習 **3**　演習1の日本語訳です。韓国語になおして、言えて書けるようにしましょう。

이유진：　週末は何をしましたか。

坂　本：　土曜日には朝からお昼まで会社で働きました。それから夕方には友達に会いました。日曜日は高速バスで民俗村に行きました。

이유진：　民俗村までどのくらいかかりましたか。

坂　本：　約1時間（くらい）かかりました。とても楽しかったです。

●듣기　聞き取り

◀》 154

補足単語
보충 단어

□ 같이 （一緒に）　　　　□ 아들 （息子）

□ 자전거 （自転車）

問題 **1**　問題2の音声を聞いて、設問にふさわしい答えを非格式体で書きましょう。

(1)　5월20일에 공원에서 무엇을 했습니까?

①＿＿＿＿＿＿＿＿＿＿＿　　②＿＿＿＿＿＿＿＿＿＿＿

(2)　공원에는 무엇으로 갔습니까?　＿＿＿＿＿＿＿＿＿＿＿＿

問題 **2**　会話文を聞き、下線部に韓国語で書き込みましょう。
　　　　答え合わせが終わったら、文末を非格式体に直して言ってみましょう。 ◀》 155

오늘은 5월20일＿＿＿＿＿＿입니다.

가족과 같이＿＿＿＿＿＿공원에 갔습니다.

거기서 아들하고＿＿＿＿＿＿＿＿＿＿＿＿.

아들도 축구를＿＿＿＿＿＿＿＿.

그리고 가족 사진도＿＿＿＿＿＿＿.

댁에 계세요?

お宅にいらっしゃいますか。

● Can do！: 年長者に対して尊敬形を用いて話せる。　　　　　　　　(◁)) 156

基本会話

점　원: 여보세요? <u>남미숙</u> 씨 댁이세요?

김준호: 네, 맞아요. 누구세요?

점　원: <u>세계마트 정보람</u>이에요.

　　　　<u>남미숙</u> 씨 댁에 계세요?

김준호: 아뇨, 안 계세요.

　　　店　　員: もしもし。ナムミスクさんのお宅でいらっしゃいますか。
　　　김 준 호: はい、そうです。どちら様ですか。
　　　店　　員: 世界マートのチョンボラムです。
　　　　　　　　ナムミスクさんお宅にいらっしゃいますか。
　　　김 준 호: いいえ、おりません（いらっしゃいません）。

| 語彙
어휘 | 表現
표현 | (◁)) 157

□ 여보세요 (もしもし)　　□ 댁 (お宅)　　□ 맞아요 (そうです)

演習　下線部を変えて、韓国語で話してみましょう。

(本文) 남미숙 (어머니)	세계 마트 (世界マート)	정보람
1. 김동식 (아버지)	제일 은행 (一番銀行)	박영철
2. 김동철 (할아버지)	우리 문고 (私たちの文庫)	이수길
3. 윤숙현 (할머니)	노래 교실 (歌の教室)	하호성

◀) 158

補足単語
보충 단어

□ 음료수 (飲み物)　　　　□ 부모님 (両親)
□ 주로 (主に)　　　　　　□ 전화번호 (電話番号)

Ⅱ型 -시- (尊敬の接尾辞)〜なさる

例 아주 예쁘세요. (とてもお綺麗です。)

「お綺麗です」のように尊敬の意味を表す場合は、 Ⅱ型 -시- を用います。
格式体では Ⅱ型 -십니다、非格式体では Ⅱ型 -세요 になります。

POINT　　ㄹ語幹の尊敬形について

　ㄹ語幹の用言に Ⅱ型 -시- をつける場合はㄹパッチムをとります。

例 알다 (知っている) ⇒ 아시다 (ご存じだ)

　　格 式 体: 아십니다. / 아십니까?
　　非格式体: 아세요.　 / 아세요?
　　　　　　　(ご存知です。/ ご存じですか。)

例 들다 (먹다, 마시다 の丁寧な表現) ⇒ 드시다 (召し上がる)

　　格 式 体: 드십니다. / 드십니까?
　　非格式体: 드세요.　 / 드세요?
　　　　　　　(召し上がります。/ 召し上がりますか。)

名詞の語末にパッチムが有るときは -이십니다、-이세요 です。

名詞の語末にパッチムが無いときは 이 が省略されて -십니다、-세요 という形になります。

例 パッチム有 **선생님**이세요. (先生でいらっしゃいます。)

例 パッチム無 **누구**세요? (どなたでいらっしゃいますか。)

練習 **1** 例にならって尊敬形にしましょう。

辞書形	Ⅱ型 -시	格式体	非格式体
例 하다 (する)	하시	하십니다	하세요
찾다 (探す)			
바쁘다 (忙しい)			
살다 (住む)			
괜찮다 (大丈夫だ)			
부모님이다 (両親だ)			

POINT 敬語体系の違いについて

日本語も韓国語も敬語がありますが、日本語では身内のことを話すとき、聞き手によって例えば「母はおりません」のように尊敬語を使わず、謙譲語を用います（相対敬語）。一方、韓国語は話題の人物が話し手より、年齢や社会的職位が上ならば、聞き手は関係なく、「母はいらっしゃいません」のように尊敬語を使います（絶対敬語）。

●尊敬形の語

日本語で「食べる」の尊敬形として「召し上がる」という語があるように、韓国語でも決まっている語があります。

動詞の例

尊敬形	尊敬でない形
계시다 (いらっしゃる)	있다
안 계시다 (いらっしゃらない)	없다
드시다 (召し上がる)	먹다、마시다
주무시다 (お休みになる)	자다

名詞の例

尊敬形	尊敬でない形
댁 (お宅)	집
분 (お方)	사람
말씀 (お言葉)	말
성함 (お名前)	이름

助詞の例

尊敬形	尊敬でない形
-께 (人 ～に)	-에게、-한테
-께서 (人 ～が)	-가 / -이
-께서는 (人 ～は)	-는 / -은
-께서도 (人 ～も)	-도

練習 **2** （　）の語を適切な尊敬形にします。文末は非格式体にしましょう。

⑴ 저녁은 몇 시에 ＿＿＿＿＿＿＿＿＿＿＿＿？ (먹다)

⑵ 주말에는 몇 시부터 몇 시까지 ＿＿＿＿＿＿＿＿＿？ (자다)

⑶ 주말에 댁에 ＿＿＿＿＿＿＿＿＿＿？ (있다)

⑷ 음료수는 주로 무엇을 ＿＿＿＿＿＿＿＿＿？ (마시다)

-가/-이 어떻게 되세요?

-가 / -이 어떻게 되세요? という形を用いて、名前や年齢などを丁寧に尋ねることができます。

나이가 어떻게 되세요? （おいくつでいらっしゃいますか。）
　나이 (年齢) 　　　　（直訳：年齢がどのようになられますか。）

성함이 어떻게 되세요? （お名前はなんとおっしゃいますか。）
　성함 (이름の尊敬形) 　（直訳：お名前がどのようになられますか。）

練習 **3** 会話文を完成させましょう。

(1) A: 성함이 어떻게 되세요? [自分の名前で]

B: 제 이름은 ＿＿＿＿＿＿＿＿＿＿

(2) A: 전화번호가 어떻게 되세요? [数字はハングルで]

B: 제 전화번호는 ＿＿＿＿＿＿＿＿＿

(3) A: 나이가 어떻게 되세요? [数字はハングルで]

B: 제 나이는 ＿＿＿＿＿＿＿＿＿＿

練習 **4** 日本語を韓国語にして文を作ります。文末は非格式体にしましょう。

(1) A: どちらにお出かけですか。（どちら：어디）

＿＿＿＿＿＿＿＿＿＿＿＿＿＿

B: 図書館に行きます。

＿＿＿＿＿＿＿＿＿＿＿＿＿＿

(2) A: 何をお探しですか。

_____

B: 日本語の本、ありますか。

_____

(3) A: 時間おありですか。

_____

B: ごめんなさい。いまは時間がありません。

_____

(4) A: 韓国の方でいらっしゃいますか。

_____

B: いいえ、韓国人ではありません。

_____

(5) A: 教室に先生はいらっしゃいますか。

_____

B: はい、いらっしゃいます。

_____

●ㅎの音の変化

ㅎの音は弱く、息が出ている特徴があります。

弱音化 🔊 159

例　결혼 (結婚) → [결온] → [겨론]
　　은행 (銀行) → [은앵] → [으냉]
　　암호 (暗号) → [암오] → [아모]

パッチムのㄴ、ㄹ、ㅁ、ㅇの直後に続いたㅎの音は弱音化して無音に近くなります。
46 ページを参照ください。

激音化 🔊 160

ㅎの音は ㄱ型 、 ㄷ型 、 ㅂ型 と ㅈ のパッチムの直後に続いた場合、激音で発音されます。

例 입학[이팍](入学)

축하해요[주카해요](おめでとうございます)

못 해요[모태요](できません) ㅅは ㄷ型 のパッチムです。

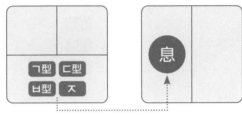

❶ ㅎの音がほとんど無くなるのでパッチムが移動する

❷ パッチムの音と息が合わさり激音になる

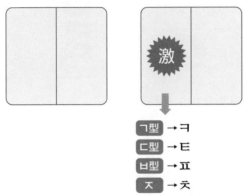

ㄱ型 →ㅋ
ㄷ型 →ㅌ
ㅂ型 →ㅍ
ㅈ →ㅊ

❶ㅎの前にパッチムがあるとㅎの音は弱くなり、パッチムがㅎの場所に移動します。

❷ㅎの「ハ行音」は弱くなったとしても息は残っていて移動したパッチムの音と息が
　合わさるため激音になります。

パッチムㅎの脱落にともなう激音化　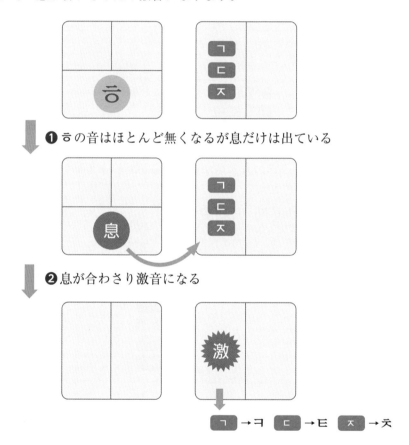🔊)) 161

ㅎパッチムに平音のㄱ、ㄷ、ㅈで始まる語が続く場合、激音で発音されます。（ㅎパッチムの次にㅂがくることはありません）

例　좋다 [조타]（良い）

例　좋지요? [조치요]（良いでしょう）

❶ ㅎパッチムの「ハ行音」が弱くなったとしても息だけは残っています。
❷ 隣の音にその息が合わさるため激音になります。

❶ ㅎの音はほとんど無くなるが息だけは出ている

❷ 息が合わさり激音になる

ㄱ → ㅋ　ㄷ → ㅌ　ㅈ → ㅊ

問題　**実際の発音の通りに書きましょう。**　🔊)) 162

(1) 신혼 (新婚)　　[　　　　　]　　(2) 올해 (今年)　　[　　　　　]

(3) 평화 (平和)　　[　　　　　]　　(4) 많다 (多い)　　[　　　　　]

(5) 백화점 (デパート)　[　　　　　]　　(6) 맞히다 (当てる)　[　　　　　]

応用活動 응용 활동

🔊) 163

補足単語 보충 단어

□ 이건 (＝이것은 これは)　□ 우리 (うちの)

□ 예쁘다 (美しい)　□ 결혼식 (結婚式)

□ 고등학교 (高校)　□ 졸업식 (卒業式)

□ 사촌 (いとこ)　□ 그런데 (ところで)

●말하기　会話

演習 **1** 　会話文を訳して、読む練習をしましょう。　🔊) 164

사카모토: 이건 유진 씨 가족 사진이에요?

이 유 진: 네, 맞아요.

사카모토: 이 분이 누구세요? 아주 예쁘세요.

이 유 진: 우리 언니예요.

사카모토: 성함이 어떻게 되세요?

이 유 진: 언니 이름은 수진이에요.

　　　　　지난주 일요일이 언니 결혼식이었어요.

사카모토: 축하해요!

演習 **2** 　相手が持っているものについて韓国語で尋ねてみましょう。
　　　　　聞かれたものについて韓国語で説明してみましょう。

_____

_____

_____

_____

_____

演習１の日本語訳です。音声を聞きながら練習しましょう。
日本語訳から韓国語で言えて、書けるようにすることを目指します。

坂　本：　これはユジンさんの家族写真ですか。／이유진：　はい、その通りです。

坂　本：　この方はどなたですか。とてもお綺麗です。／이유진：　うちの姉です。

坂　本：　お姉さんのお名前は何とおっしゃいますか。

이유진：　姉の名前はスジンです。先週の日曜日が、姉の結婚式でした。

坂　本：　おめでとうございます！

●듣기　聞き取り

問題 **1** 問題２の音声を聞いて、設問にふさわしい答えを非格式体で書きましょう。

⑴ 졸업식이 언제였습니까? ＿＿＿＿＿＿＿＿＿＿＿＿＿＿＿＿＿

⑵ 사촌 언니는 몇 살입니까? ＿＿＿＿＿＿＿＿＿＿＿＿＿＿＿

問題 **2** 会話文を聞き、下線部に韓国語で書き込みましょう。　🔊)) 165

김 준 호：　유미코 씨, 이건 뭐예요?

유 미 코：　우리 여동생 ＿＿＿＿＿＿ 사진이에요.

　　　　　＿＿＿＿＿＿＿＿＿＿＿이 고등학교 졸업식이었어요.

김 준 호：　그래요? ＿＿＿＿＿＿＿＿＿＿.

　　　　　그런데 이 ＿＿＿이 누구세요?

유 미 코：　아, 사촌 언니예요. 그리고 오른쪽이 부모님＿＿＿＿＿＿.

김 준 호：　사촌 언니가 아주 ＿＿＿＿＿＿＿＿.

　　　　　나이가 ＿＿＿＿＿＿ ＿＿＿＿＿＿?

유 미 코：　＿＿＿＿＿＿＿＿ 살이세요.

144

第20課 일요일에도 문을 여세요?

日曜日も営業されますか。

● Can do！：ㄹ語幹を理解し、表現と共に用いることができる。 166

基本会話

유 미 코: 이 집 김밥이 정말 맛있어요.
아줌마가 만드세요?

아 줌 마: 네, 내가 만들어요. 많이 드세요.

유 미 코: 친구하고 또 오고 싶어요. 일요일에도 문을 여세요?

아 줌 마: 일요일에는 평일보다 늦게 열한 시에 열어요.
꼭 오세요.

由 美 子：この店のキンパが本当に美味しいです。
おばさんがお作りになるんですか。
아 줌 마：はい、私が作ります。たくさん召し上がれ。
由 美 子：友達とまた来たいです。日曜日も営業されますか。
아 줌 마：日曜日は平日より遅く11時に開けます。ぜひ来てください。

語彙 어휘 ― 表現 표현 167

□ 만들다（作る） □ 많이 드세요（たくさん召し上がってください）
□ 문을 열다（ドアを開ける、営業する） □ 늦게（遅く） □ 아줌마（おばさん）

POINT 「おばさん」아줌마 について

아줌마 は 아주머니 を親しく呼ぶ語です。아주머니 は既婚者と思われる女性を呼ぶ「おばさん」という意味です。より親しみを込めて、親戚の母方のおばさんという意味の 이모 を用いて食堂などで呼ぶこともあります。

演 習

下線部を変えて会話文を作り、役割りを演じてみましょう。

補足単語
보충 단어

- □ 일찍
  （早く（決まり時間、予定時間より））
- □ 따뜻하다 （暖かい）
- □ 빨리
  （早く（かかる時間を短く）、速く）
- □ 벗다 （脱ぐ）
- □ 부산 （プサン）

ㄹ 語幹

語幹が ㄹ パッチムで終わる用言を ㄹ 語幹といいます。

Ⅰ型・Ⅱ型 で特殊な形をとります。通常は① 살 ですが②のようなときは 사 になります。

살다 （住む）

Ⅰ型	Ⅱ型	Ⅲ型
①살 / ②사		살아

① Ⅱ型 （パッチム型）の特殊な変化

通常 Ⅱ型 は語幹末にパッチムがあるとき「으」をつけますが、ㄹ 語幹では「으」を
つけません。

練習 1 例にならって空欄を埋めましょう。

辞書形	Ⅱ型 -면 （仮定・条件）
例 알다 （わかる）	알면
살다 （住む）	
놀다 （遊ぶ）	
멀다 （遠い）	
달다 （甘い）	

② **Ⅰ型**、**Ⅱ型** ㄹ 落ち、スポン！の法則

ㄹ パッチムの後に ㅅ、ㅂ、ㄴ が来る場合は ㄹ をとります。ㅅ（ス）ㅂ（ポ）ㄴ（ン）で、これをスポンの法則と言います。

살다（住む）に **Ⅱ型** -시- がつくので ⇒ㄹ パッチムをとり 사 とする。

⇒ **어디에 사세요?** （どちらにお住まいですか。）

練習 **2** 例にならって空欄を埋めましょう。

辞書形	**Ⅱ型** -세요 ↑ス	**Ⅰ型** -ㅂ니다 ↑ポ	**Ⅰ型** -네요 ↑ン
例 **알다** （わかる）	아세요	압니다	아네요
살다（住む）			
놀다（遊ぶ）			
만들다（作る）			
열다（開ける）			

ㄹ 語幹に **Ⅰ型** -ㅂ니다 を付けるとき ㄹ パッチムをとることは 12 課で、

ㄹ 語幹に **Ⅱ型** -세요 を付けるとき ㄹ パッチムをとることは 19 課で学びました。

例 **A:** 会社は遠いですか。(회사가 멀다)

　　　格 式 体　　<u>회사가 멉니까?</u>

　　　非格式体　　<u>회사가 멀어요?</u>

　　B: はい。遠いです。

　　　格 式 体　　<u>네, 멉니다.</u>

　　　非格式体　　<u>네, 멀어요.</u>

(1)　**A:** メガネは何階で売っていますか。(몇 층에서 팔다)

　　　格 式 体　　_____

　　　非格式体　　_____

　　B: 6階で売っています。

　　　格 式 体　　_____

　　　非格式体　　_____

(2)　**A:** これは誰が作りますか。(누가 만들다)

　　　格 式 体　　_____

　　　非格式体　　_____

　　B: 私が作ります。

　　　格 式 体　　_____

　　　非格式体　　_____

⑶ A: その俳優をご存知ですか。(그 배우를 알다)

格 式 体 _____

非格式体 _____

B: はい、知っています。

格 式 体 _____

非格式体 _____

-보다 ～より

例 서울보다 공기가 아주 좋아요.
　　(ソウルより空気がとても良いです。)

「ソウルより」のような比較を表す「より」を韓国語では 보다 を用います。

練習 **4** **会話文を完成させましょう。**

⑴ A: 도쿄는 서울보다 따뜻해요?

B: 네, 도쿄는 서울 _____ 따뜻해요.

⑵ A: 봄이 좋으세요? 가을이 좋으세요?

B: _____ 보다 _____이 좋아요.

⑶ A: 서울과 부산, 어디에 가고 싶어요?

B: _____ 보다 _____ 에 _____.

Ⅱ型 -십시오/-세요 ～してください

例 언제 한번 오세요. （いつか一度来てください。）

「来てください」のような丁寧な命令を韓国語では 오십시오 あるいは 오세요 と言います。오다「来る」に格式体では Ⅱ型 -십시오 という形、非格式体では Ⅱ型 -세요 という形をつけて用います。

練習 5 例にならって非格式体で文を作りましょう。

例 この服を着てください。 이 옷을 입으세요.

(1) 昨日より早く起きてください。

_____

(2) 早く乗ってください。

_____

(3) ドアを開けてください。

_____

(4) ここでは靴を脱いでください。

_____

◀)) 169

補足単語 보충 단어

- □ 신도시 (ニュータウン)
- □ 공기 (空気)
- □ 메뉴 (メニュー)
- □ 학생 식당 (学食)
- □ 시키다 (注文する)
- □ 잘 (よく、十分に、上手に)

●말하기　会話

演習 **1**　会話文を訳して、読む練習をしましょう。　　　◀)) 170

사카모토: ①선생님, 어디에 사세요?

선 생 님: ②신도시에 살아요.

사카모토: 댁에서 ③학교까지 멀어요?

선 생 님: 네, 멀어요. 하지만 ④서울보다 ⑤공기가 아주 좋아요.

사카모토: ③학교까지 어떻게 오세요?

선 생 님: ⑥차로 와요.

演習 **2**　下線部を下記の単語に入れ換えて韓国語で言ってみましょう。
（18 課 -(으)로の復習もしてみましょう）

（演習1）	① 선생님	② 신도시	③ 학교	④ 서울	⑤ 공기가 좋다	⑥ 차
	사장님 (社長)	가루이자와 (軽井沢)	회사	도쿄	경치가 좋다 (景色)	신칸선 (新幹線)
	부장님 (部長)	시골 (田舎)	역	도시 (都市)	마당이 넓다 (庭が広い)	오토바이 (オートバイ)

演習１の日本語訳です。音声を聞きながら練習しましょう。
日本語訳から韓国語で言えて、書けるようにすることを目指します。

坂　本：　先生、どちらにお住まいですか。

先　生：　ニュータウンに住んでいます。

坂　本：　お宅から学校まで遠いですか。

先　生：　はい、遠いです。

　　　　　しかしソウルより空気がとても良いです。

坂　本：　学校までどうやっていらっしゃいますか。

先　生：　車で来ます。

●듣기　聞き取り

🐸 **POINT**　年上の人が用いる年下の人への話し方について

　　年上の話し手は、年下の聞き手に対して、よくパンマル（ぞんざいな言葉）を使います。詳しくは中級で学びますが、丁寧形の非格式Ⅲ-요 の 요 を取るとパンマルになります。返事「はい」네 は 응 になり、「いいえ」아니요 は 아니 になります。では、聞いてみましょう。

問題 **1**　問題２の音声を聞いて、設問にふさわしい答えを非格式体で書きましょう。

(1)　이 식당은 무엇이 맛있습니까?　＿＿＿＿＿＿＿＿＿＿＿

(2)　두 사람은 무엇을 시킵니까?　＿＿＿＿＿＿＿＿＿＿＿

問題 **2**　会話文を聞き、下線部に韓国語で書き込みましょう。　🔊 171

　　김 준 호：　선배님! 이 식당 자주 ＿＿＿＿＿＿?

　　선　　배：　응, 자주 와.

　　김 준 호：　그럼 메뉴를 잘 ＿＿＿＿＿＿? 뭐 자주 시키세요?

　　선　　배：　＿＿＿＿＿＿. 학생 식당＿＿＿＿ 맛있어.

　　　　　　　하지만 오늘은 라면이 먹고 싶어.

　　김 준 호：　그럼, ＿＿＿＿＿＿＿＿＿을 시켜요.

우리 같이 밥 먹으러 가요!

私たち一緒にご飯食べに行きましょう。

● Can do！：「○○しに〜しましょう」という表現を用いて誘うことができる。　🔊》172

基本会話

유 미 코 :　아, 준호 씨, 밥 먹었어요?

김 준 호 :　아뇨, 아직 못 먹었어요. 그래서 배가 너무

　　　　　　고파요. 유미코 씨는요?

유 미 코 :　저도요. 실은 준호 씨를 기다렸어요.

김 준 호 :　정말요? 너무 기뻐요.

　　　　　　그럼 우리 같이 밥 먹으러 가요!

由 美 子：　あ、ジュノさん、ご飯食べましたか。
김 준 호：　いいえ、まだ食べてません。
　　　　　　だから、とてもお腹がすいてます。由美子さんは？
由 美 子：　私もです。実は、ジュノさんを待っていました。
김 준 호：　本当ですか。とても嬉しいです。
　　　　　　じゃあ、私たち一緒にご飯食べに行きましょう。

語彙 표현	表現 표현

🔊》173

□ 배가 고프다（お腹がすく）　　□ 실은（実は）　　□ 정말（本当）

□ 기쁘다（嬉しい）

□ 아직（まだ）아직＋못＋過去形（まだ〜していません（〜できていません））

演　習

基本会話の下線部を変えて、「〜しに行きましょう」と、隣の人を誘って会話してみましょう。

◁›)) 174

補足単語
보충 단어
□ 왜 (どうして、なぜ)　　　□ 빌리다 (借りる)

으 語幹

語幹の最後の母音が「ㅡ」の用言を 으 語幹と言います。 Ⅲ型 のみ特殊な活用をします。

手順

① Ⅲ型 （陰陽母音型）にするとき「ㅡ」が脱落する

② 脱落した一つ前の文字の母音を確認

③ 陽／陰母音に合わせて「ㅏ／ㅓ」をつける

	語幹	①	②	Ⅲ型
바쁘다	바쁘	바ㅃ (陽母音) ＋ ㅏ	⇒	바빠
예쁘다	예쁘	예ㅃ (陰母音) ＋ ㅓ	⇒	예뻐

ただし、쓰다 (書く) のように語幹が「쓰」1文字の場合、 Ⅲ型 は ㅓ の母音をつけます。

①「ㅡ」が脱落する

② いつも「ㅓ」をつける

	語幹	①		②	Ⅲ型
쓰다	쓰	ㅆ (前に母音なし)	＋ ㅓ	⇒	써

練習 ① 例にならって空欄を埋めましょう。

辞書形	Ⅲ型	Ⅲ型 -요 (非格式体)
例 바쁘다 (忙しい)	바빠	바빠요
끄다 ((灯など) 消す)		
고프다 (腹が空く)		
기쁘다 (嬉しい)		
슬프다 (悲しい)		

練習 **2** 例にならって文を作ります。格式体、非格式体の両方を記入しましょう。

例 A: どこが痛いですか。(어디가 아프다)

格式体 <u>어디가 아픕니까?</u>

非格式体 <u>어디가 아파요?</u>

B: お腹が痛いです。

格式体 <u>배가 아픕니다.</u>

非格式体 <u>배가 아파요.</u>

(1) A: 友達もきれいですか。(친구도 예쁘다)

格式体 _____

非格式体 _____

B: はい。きれいです。

格式体 _____

非格式体 _____

(2) A: 弟も背が高いですか。(남동생도 키가 크다)

格式体 _____

非格式体 _____

B: いいえ。高くありません。(안- 前置否定形で)

格式体 _____

非格式体 _____

(3)　A: 先月は忙しかったですか。(**지난달에는 바쁘다**)

格 式 体 _____

非格式体 _____

　　B: 少し忙しかったです。

格 式 体 _____

非格式体 _____

못 -/ Ⅰ型 -지 못하다 ~できない

「行けません」のような不可能を表す表現は二つあります。

一つは用言の前に 못 をつけ、もう一つは用言の Ⅰ型 の後ろに 지 못하다 をつけます。

例　**가다** (行く)

	못-	Ⅰ型 -지 못하다
格 式 体	못 갑니다	가지 못합니다
非格式体	못 가요	가지 못해요

하다 用言では 못 - の場合、하다 の前に 못 を入れます。

例　**운동하다** (運動する)

	못-	Ⅰ型 -지 못하다
格 式 体	운동 못 합니다	운동하지 못합니다
非格式体	운동 못 해요	운동하지 못해요

POINT　못 の発音について

　못 (몯), 못 가요 [몯까요] 濃音化　13課参照

　　　　　못 해요 [모태요] 激音化　19課参照

　　　　못 먹어요 [몬머거요] 鼻音化　8課参照

練習 **3**　例にならって不可能表現を作りましょう。

例　약을 먹다 （薬をのむ）　　　약을 못 먹어요　　　약을 먹지 못해요

⑴　사진을 찍다 （写真をとる）

_____　　_____

⑵　중국어를 쓰다 （中国語を書く）

_____　　_____

⑶　시간을 지키다 （時間を守る）

_____　　_____

⑷　요리하다 （料理する）

_____　　_____

Ⅱ型 **-러** 〜しに

例　같이 점심 먹으러 가요.

（一緒にお昼ごはん食べに行きましょう。）

「食べに行きましょう」の「食べに」は韓国語で 먹으러 と言います。
このような目的を表す「〜しに」は Ⅱ型 -러 を用います。

Ⅱ型 -러 가요 （〜しに行きます）と Ⅱ型 -러 와요 （〜しに来ます）などが特に多く用いられます。

練習 **4**　例にならって、（　）の語を用いて文を完成させましょう。

例　A: 어디에 가세요? （만나다）

　　B: 친구를 만나러 가요.

(1) A: 어제는 뭘 했어요? (놀다)

   B: 신오쿠보에 _____ 갔어요.

(2) A: 내일 약속이 있어요? (공부하다)

   B: 친구 집에 _____ 갑니다.

(3) A: 도서관에는 왜 가요? (빌리다)

   B: 책을 _____ 가요.

練習 **5** 日本語を韓国語にして文を作ります。文末は非格式体にしましょう。

(1) A: 何しに来たんですか。

   _____

   B: 友達とお昼を食べに来たんです。

   _____

(2) A: どうして日本に来たんですか。

   _____

   B: 日本料理を習いに来ました。

   _____

(3) A: 一緒に散歩に行きましょう。(散歩しに一緒に出かけましょう)

   _____

   B: ごめんなさい。散歩しに行けません。

   _____

応用活動 응용 활동

◁)) 175

補足単語 보충 단어

☐ 극장 (劇場)

☐ 뮤지컬 (ミュージカル)

☐ 잘 다녀오세요 (いってらっしゃい)

☐ 아니에요 (いえいえ)

●말하기　会話

演習 1 会話文を訳して、読む練習をしましょう。　◁)) 176

이 유 진: 사카모토 씨, 주말에 어디에 갔어요?

사카모토: 극장에 영화를 보러 갔어요.

이 유 진: 그럼, 이번 주말에는 뮤지컬을 보러 가요.

사카모토: 이번 주말은 좀 바빠요. 친구를 보러 부산까지 가요.

그래서 못 가요. 미안해요.

이 유 진: 아니에요, 잘 다녀오세요.

演習 2 下線部を下記の単語に入れ換えて韓国語で言ってみましょう。

(演習1) 극장	영화를 보다	뮤지컬을 보다
노래방 (カラオケ)	노래를 부르다 (歌を歌う)	춤을 추다 (踊りを踊る)
한강공원 (漢江公園)	산책하다 (散歩する)	유원지에서 놀다 (遊園地で遊ぶ)
야구장 (野球場)	시합을 보다 (試合を見る)	테니스를 치다 (テニスをする)

演習 **3** 演習 1 の日本語訳です。音声を聞きながら練習しましょう。
日本語訳から韓国語で言えて、書けるようにすることを目指します。

이유진: 坂本さん、週末どこに行きましたか。

坂　本: 映画館（劇場）に映画を見に行きました。

이유진: じゃあ、今週末はミュージカルを見に行きましょう。

坂　本: 今週末はちょっと忙しいです。友達に会いに釜山まで行きます。
だから行けません。ごめんなさい。

이유진: いえいえ、行ってらっしゃい。

●듣기　聞き取り

◁)) 177

補足単語
보충 단어

☐ 왜요? (なぜですか)

☐ 무슨 일 있어요?
（どうかしましたか）

☐ 열이 나다 (熱が出る)

☐ 목 (のど)

☐ 약을 먹다 (薬を飲む)

☐ 쉬다 (休む)

問題 **1** 問題 2 の音声を聞いて、設問にふさわしい答えを非格式体で書きましょう。

⑴ 유미코 씨하고 준호 씨는 놀러 갔습니까?　_____

⑵ 유미코 씨는 어디가 아픕니까?　_____

問題 **2** 会話文を聞き、下線部に韓国語で書き込みましょう。　◁)) 178

유 미 코: 여보세요? 준호 씨, 오늘은 같이 _____.

김 준 호: 왜요? 무슨 일 있어요?

유 미 코: _____. 그리고 _____.

김 준 호: _____? 빨리 쉬세요.

160

겨울 방학 때 뭐 하려고 해요?

冬休みのとき、何しようと思ってますか。

● Can do！：これから行おうとすること（意図）を伝えることができる。　　🔊)) 179

基本会話

김준호: 겨울 방학 때 뭐 하려고 해요?

유미코: <u>일본에 돌아가</u>려고 해요.

<u>좀 바쁘지만 친구들도 만나고 가족들과 온천</u>

<u>에도 가</u>려고요.

김준호: 그럼, <u>유미코</u> 씨 가족 분들께 <u>한국 전통차</u>를

선물하고 싶어요.

> 김 준 호: 冬休みの時、何しようと思ってますか。
> 由 美 子: 日本に帰ろうと思っています。
> 　　　　　少し忙しいですが、友達にも会って家族と温泉にも行くつもりです。
> 김 준 호: では、由美子さんのご家族に韓国の伝統茶をプレゼントしたいです。

語彙 어휘 — **表現** 표현　🔊)) 180

□ **방학**（学校の長期の休み、夏休みや冬休みなど）　　□ **때**（とき）

□ **돌아가다**（帰る、戻る）　　□ **온천**（温泉）　　□ **전통차**（伝統茶）

POINT　「～達」-들について

　日本語では単数・複数問わず「友達」と言いますが、**친구** は１人の友人を指し、複数の友人は -**들**（～達）を付けて **친구들** と言います。「家族」も **가족들** と言うこともあり、敬語では「ご家族（直訳：家族の方々）」**가족 분들** となります。

演　習

次の休みに「～するつもりです」と下線部を変えて、隣の人と会話してみましょう。

補足単語
보충 단어

- ☐ 딸 (娘)
- ☐ 멋있다 (かっこいい)
- ☐ 아내 (妻)
- ☐ 남편 (夫)
- ☐ 쇼핑하다 (ショッピングする)
- ☐ 빠르다 (速い、早い)

- ☐ 춥다 (寒い)
- ☐ 눈이 내리다 (雪が降る)
- ☐ 식사하다 (食事する)
- ☐ 손을 씻다 (手を洗う)
- ☐ 창문 (窓)
- ☐ 일어서다 (立ち上がる)

Ⅰ型 -고 ～(く)て、～(し)て

例 **값도 싸고 예뻐요.** (値段も安くてかわいいです。)

「安くてかわいい」といった事柄を羅列して表す場合は Ⅰ型 -고 を用います。

また Ⅰ型 -고 は前の事柄が終わって後ろの事柄が始まるような順序を表す場合にも用います。

운동하고 샤워를 합니다.

(運動して、シャワーを浴びます。)

練習 **1** 例にならって2つの文を1つの文にしましょう。

例 **아들은 공무원이다. 딸은 대학생이다.**

→ 아들은 공무원이고 딸은 대학생이에요.

(1) **오전에는 공원에서 운동하다. 오후에는 아내하고 쇼핑하다.**

→ _____

(2) **민수 씨는 멋있다. 공부도 잘하다.**

→ _____

⑶ 지난주는 친구를 만났다. 이번 주는 가족을 만나다.

→ _____

⑷ 남편은 아침을 안 먹다. 회사에 가다.

→ _____

Ⅰ型 -지만 　～けれど、～だが

例　좀 비싸지만 마음에 들어요.　(少し高いけれど気に入りました。)

「高いけれど気に入りました」のような逆接を表す場合は Ⅰ型 -지만 を用います。より丁寧に表現する場合は Ⅰ型 -ㅂ니다만, -습니다만 という形も用いられます。

練習 **2**　例にならって2つの文を1つの文にしましょう。

例　오늘은 시간이 있다. 하지만 내일은 바쁘다.

　　→ 오늘은 시간이 있지만 내일은 바빠요.

⑴ 택시는 빠르다. 하지만 비싸다.

→ _____

⑵ 딸은 서울에 살다. 하지만 나는 일본에 살다.

→ _____

⑶ 나는 학생이다. 하지만 누나는 학생이 아니다.

→ _____

⑷ 어제는 춥지 않았다. 하지만 오늘은 눈이 내리다.

→ _____

Ⅱ型 -려고 (하다)　～しようと(思う)、～するつもりだ

例　일본에 돌아가려고 해요. (日本に帰ろうと思います。)

「日本に帰ろうと思います」のように意図を表す場合は、Ⅱ型 -려고 하다 の形で多用され、それが縮約されて、Ⅱ型 -려고요 のように用いられます。

また、Ⅱ型 -려고 のみを用い「～（し）ようと」のように、2つの文をつなげます。

例　공부하다 / 도서관에 가다
　→　공부하려고 도서관에 가요. (勉強しようと図書館に行きます。)

練習 3　例にならって適切な形にしましょう。

例　여행을 하다 → 여행을 하려고 해요.

例　아이하고 놀다 / 빨리 집에 갔다
　→ 아이하고 놀려고 빨리 집에 갔어요.

(1)　휴일에는 집에서 쉬다

　→ _____

(2)　약을 먹다

　→ _____

(3)　식사하다 / 손을 씻었다

　→ _____

(4)　창문을 열다 / 일어섰다

　→ _____

応用活動 응용 활동

182

補足単語 보충 단어

- □ 찾다 (探す)
- □ -(으)로 (～で、～として)
- □ 값 (値)
- □ 디자인 (デザイン)
- □ 요즘 (最近)
- □ 인기가 많다 (人気がある)
- □ 마음에 들다 (気に入る)
- □ 이걸 (=이것을 これを)
- □ 잘 지냈어요? (元気でしたか)
- □ 오래간만이에요 (久しぶりです)
- □ 그동안 (その間、しばらくの間)
- □ 그렇구나 (そうなんだ)
- □ 음식 (食べ物)
- □ 별로였어요 (いまいちでした)
- □ 잘 다녀왔어요? (無事に行ってきましたか)
- □ 스키를 타다 (スキーをする)

●말하기 会話

演習 1 会話文を訳して、読む練習をしましょう。 183

점　원: 어서 오세요. 뭘 찾으세요?

사카모토: 선물로 지갑을 사려고요.

점　원: 그래요? 이건 어때요? 값도 싸고 예뻐요.
누구에게 선물하세요?

사카모토: 일본 친구한테요.

점　원: 이 디자인이 일본분들에게 요즘 인기가 많아요.

사카모토: 좀 비싸지만 마음에 들어요. 이걸 3개 주세요.

演習 2 下線部を変えて会話文を作って話してみましょう。

演習1の日本語訳です。音声を聞きながら練習しましょう。
日本語訳から韓国語で言えて、書けるようにすることを目指します。

店　員： いらっしゃいませ。何をお探しですか。

坂　本： プレゼントで、財布を買おうと思って。

店　員： そうですか。これはどうですか。値段も安くてかわいいです。
　　　　　誰にプレゼントされますか。

坂　本： 日本の友達にです。

店　員： このデザインは日本の方たちに最近人気があります。

坂　本： 少し高いけれど、気に入りました。これを3個ください。

●듣기　聞き取り

問題 **1**　問題2の音声を聞いて、設問にふさわしい答えを韓国語で書きましょう。

(1)　온천 여행이 어땠어요?　_____

(2)　준호 씨는 주말에 뭐 하려고 해요?　_____

問題 **2**　会話文を聞き、下線部に韓国語で書き込みましょう。　🔊) 184

김 준 호：　여보세요? 유미코 씨, 오래간만이에요.

유 미 코：　준호 씨, 잘 지냈어요? 그동안 _____ 고
　　　　　　_____고 너무 바빴어요.

김 준 호：　아, 그래요? 온천 여행은 잘 다녀왔어요?

유 미 코：　네, 온천 물은 _____ _____.

김 준 호：　그렇구나. 저는 주말에 _____.

유 미 코：　그래요? 잘 다녀오세요.

콘서트 같이 갈까요?
コンサート、一緒に行きましょうか。

●**Can do！**:相手の意向を尋ねたり、自分の意志を伝え円滑なコミュニケーションが図れる。 🔊 185

基本会話

김 준 호: 모레 저녁에 <u>콘서트 같이 갈까요</u>? 저한테 티

켓이 있어요.

유 미 코: 와, 저도 가고 싶었어요. 몇 시부터예요?

김 준 호: <u>오후 5시부터예요.</u>

유 미 코: 그래요? 오후 예정은 아직 모르겠어요.

확인하고 이따가 전화하겠습니다.

> 김 준 호: 明後日の夕方、コンサート一緒に行きましょうか。チケット持っ
> ているんです。
> 由 美 子: わぁ、私も行きたかったんです。何時からですか。
> 김 준 호: 午後5時からです。
> 由 美 子: そうですか。午後の予定はまだわからないんです。
> 確認して、のちほど電話します。

語彙 어휘 **表現** 표현 🔊 186

□ 콘서트 （コンサート）　□ 티켓 （チケット）　□ 예정 （予定）
□ 모르다 （わからない）　□ 확인 （確認）　□ 이따가 （のちほど、後で）
□ 전화하다 （電話する）

演 習

下線部を変えて、隣の人を誘ったり提案してみましょう。

🔊) 187

 **補足単語**
보충 단어

☐ 비가 오다 (雨が降る)   ☐ 잠시만 (しばらく、少々)

☐ 닫다 (閉める)   ☐ 혼자서 (ひとりで)

Ⅰ型 -겠- ～する、～しそうだ

格式体の場合は 하겠습니다 に、非格式体の場合は 하겠어요 になります。

未来意志

1人称の主語で動詞に -겠- が付いた時、話し手の意志を表します。

この時、格式体は -겠습니다 ですが、非格式体は Ⅱ型 -ㄹ 게요 (～します) を用いる
のが一般的です。こちらは中級で学びます。

例 (제가) 나중에 전화하겠습니다. / 전화할게요. (後で電話します。)

🐸**POINT**   -겠- を用いるときと、用いないときの違いについて

日本語では同じ「行きます」ですが韓国語は以下のように異なります。

例 몸이 아프지만 학원에 꼭 가겠습니다. (意志)

(具合が悪いけれど学院（塾）に必ず行きます。)

例 저는 매주 화요일에 학원에 가요.   (状況説明)

(私は毎週火曜日に学院（塾）に行きます。)

推量

例 내일은 비가 오겠습니다. (明日は雨が降るでしょう。)

婉曲（慣用的な表現）

例 알겠습니다. (分かりました。)   모르겠습니다. (分かりません。)

練習 **1** Ⅰ型 -겠- を用いて日本語を韓国語にしましょう。(格式体)

(1) 週末は雨が降るでしょう。

_____

(2) A: 分かりましたか。

(婉曲) _____

B: よく分かりません。

(婉曲) _____

(3) A: しばらくお待ちください。

_____

B: はい、ここで待っています。

(意志) _____

Ⅱ型 -ㄹ까요? ～しましょうか

「コンサート一緒に行きましょうか」のように誘ったり、提案しながら相手の意向を尋ねる場合、Ⅱ型 -ㄹ까요? を用います。

例 **콘서트 같이 갈까요?** (コンサート一緒に行きましょうか。)

練習 **2** 例にならって提案しながら相手の意向を尋ねる文を作りましょう。

例 **같이 영화 보다 → 같이 영화 볼까요?**

(1) 비빔밥을 시키다

→ _____

⑵ 문을 닫다

→ _____

⑶ 신발을 벗다

→ _____

⑷ 같이 살다

→ _____

練習 **3**　例にならって下線部に語句を入れて会話文を完成させましょう。

例　A: 같이 <u>기다릴까요?</u> (기다리다)

　　B: 아뇨, 혼자서 <u>기다리겠습니다.</u>

⑴　A: 병원에 같이 _____? (가다)

　　B: 괜찮습니다. 저 혼자서 _____.

⑵　A: 식당에서 _____? (먹다)

　　B: 아뇨, 집에서 _____.

⑶　A: 이것은 제가 _____? (하다)

　　B: 아뇨, 제가 _____.

⑷　A: 빵을 같이 _____? (만들다)

　　B: 아뇨, 저 혼자서 _____.

応用活動 응용 활동

◁)) 188

補足単語
보충 단어

□ 날씨 (天気)
□ 전해 드리다 (お伝えする)
□ 맑다 (晴れる)

□ 흐리다 (曇る)
□ 바람이 불다 (風が吹く)
□ 매우 (とても)

●말하기　会話

演習 **1**　天気予報です。日本語に訳して、読む練習をしましょう。　◁)) 189

내일 날씨를 전해 드리겠습니다.

오전은 맑겠습니다만 오후에는 흐리고 비가 오겠습니다.

밤에는 바람이 불고 매우 춥겠습니다. 산에서는 눈이 내리겠습니다.

POINT　「とても」아주、너무、매우 の違いについて

아주、너무、매우 は「とても」にあたります。아주 は、아주 재미있어요. (とても
面白いです。) のようにプラスの意味で用いられます。너무 は「とても」だけでなく「〜
すぎる」の意味もあり、너무 아파요. (とても痛いです。痛すぎます。) 너무 예뻐요. (と
ても美しいです。美しすぎます。) のようにプラス・マイナスどちらにも用いられ、話し
言葉で使用されやすい傾向があります。매우 もプラス・マイナス両方に用いられます
が、아주 や 너무 に比べて書き言葉で多く使用されます。

演習 **2** 演習1の日本語訳です。音声を聞きながら練習しましょう。
日本語訳から韓国語で言えて、書けるようにすることを目指します。

明日の天気をお伝えいたします。

午前中は晴れますが、午後には曇って雨が降るでしょう。

夜には風が吹いて、とても寒いでしょう。山では雪が降るでしょう。

●듣기　聞き取り

🔊) 190

補足単語　보충 단어

☐ 회장 (会場)

☐ 명동역 (明洞駅)

☐ **I型** -기로 하다
（～（する）ことにする）決定したことを伝える表現

☐ 그렇게 해요
（そうしましょう）

問題 **1** 問題2の音声を聞いて、設問にふさわしい答えを非格式体で書きましょう。

(1) 언제 어디서 만나기로 했습니까?　_____

(2) 무엇을 타고 가기로 했습니까?　_____

問題 **2** 会話文を聞き、下線部に韓国語で書き込みましょう。　🔊) 191

유 미 코: 내일 몇 시에 어디서 만날까요?

김 준 호: 4시 반에 _____.

유 미 코: 저는 콘서트 회장까지 혼자 못 가요.

김 준 호: 그럼, _____ 앞으로 오세요.

유 미 코: 네, 알겠어요. 거기서 _____?

김 준 호: 네, 그렇게 해요.

文法表現のまとめ

	韓国語	日本語	参考
I型 直結型	-ㅂ니다 / -습니다	～です、ます	12課
	-ㅂ니까? / -습니까?	～ですか、ますか	
	I型-고 싶다	～（し）たい	17課
	I型-지 않다	～ない（用言の否定形）	17課
	I型-지 못하다	～できない（動詞の不可能形）	21課
	I型-고	～（く）て、～（し）て	22課
	I型-지만	～けれど、だが	22課
	I型-겠-	～する、～しそうだ	23課
II型 パッチム型	**II型**-시-	～なさる（尊敬の接尾辞）	19課
	II型십시오 / -세요	～してください	20課
	II型-러	～しに	21課
	II型-려고（하다）	～しようと（思う）	22課
	II型-ㄹ까요?	～でしょうか	23課
III型 陰陽母音型	**III型**-요	～です、ます	15課
	III型-요?	～ですか、ますか	
	III型-ㅆ-	～した（過去接尾辞）	18課
その他	-(이) 라고 하다	～という	16課
	안 -	～ない（用言の否定形）	17課
	못 -	～できない（動詞の不可能形）	21課

助詞のまとめ

			母音で終わる体言 （パッチム無）	子音で終わる体言 （パッチム有）	参考
は			는	은	9課
が			가	이	10課
を			를	을	12課
と	書きことば		와	과	13課
	話しことば		하고		
も			도		9課
に	時・もの・場所		에		11課
	人・動物	書きことば	에게		18課
		話しことば	한테		
で	場所		에서		15課
	手段・方法		로	으로	18課
から	場所		에서		17課
	時間・順序		부터		18課
まで			까지		17課
より			보다		20課

尊敬 II型 -시- のまとめ

하시다（なさる） 읽으시다（お読みになる）

	平叙文	疑問文	命令文
格式体	II型 -십니다. 하십니다. （なさいます。） 읽으십니다. （お読みになります。）	II型 -십니까? 하십니까? （なさいますか。） 읽으십니까? （お読みになりますか。）	II型 -십시오. 하십시오 （してください。） 읽으십시오. （お読みください。）
非格式体	II型 -세요. 하세요. （なさいます。） 읽으세요. （お読みになります。）	II型 -세요? 하세요? （なさいますか。） 읽으세요? （お読みになりますか。）	II型 -세요. 하세요 （してください。） 읽으세요. （お読みください。）

文体の例

平叙文
아주 예쁘십니다.
아주 예쁘세요.

（とてもおきれいです。）

疑問文
어디에 사십니까?
어디에 사세요?

（どちらにお住まいですか。）

命令文
언제 한번 오십시오.
언제 한번 오세요.

（いつか一度いらしてください。）

	ㅏ	ㅑ	ㅓ	ㅕ	ㅗ	ㅛ	ㅜ	ㅠ	ㅡ	ㅣ
	[a]	[ja]	[ɔ]	[jɔ]	[o]	[jo]	[u]	[ju]	[ɯ]	[i]
ㄱ [k/g]	가 [ka/ga]	갸 [kja/gja]	거 [kɔ/gɔ]	겨 [kjɔ/gjɔ]	고 [ko/go]	교 [kjo/gjo]	구 [ku/gu]	규 [kju/gju]	그 [kɯ/gɯ]	기 [ki/gi]
ㄴ [n]	나 [na]	냐 [nja]	너 [nɔ]	녀 [njɔ]	노 [no]	뇨 [njo]	누 [nu]	뉴 [nju]	느 [nɯ]	니 [ni]
ㄷ [t/d]	다 [ta/da]	댜 [tja/dja]	더 [tɔ/dɔ]	뎌 [tjɔ/djɔ]	도 [to/do]	됴 [tjo/djo]	두 [tu/du]	듀 [tju/dju]	드 [tɯ/dɯ]	디 [ti/di]
ㄹ [r]	라 [ra]	랴 [rja]	러 [rɔ]	려 [rjɔ]	로 [ro]	료 [rjo]	루 [ru]	류 [rju]	르 [rɯ]	리 [ri]
ㅁ [m]	마 [ma]	먀 [mja]	머 [mɔ]	며 [mjɔ]	모 [mo]	묘 [mjo]	무 [mu]	뮤 [mju]	므 [mɯ]	미 [mi]
ㅂ [p/b]	바 [pa/ba]	뱌 [pja/bja]	버 [pɔ/bɔ]	벼 [pjɔ/bjɔ]	보 [po/bo]	뵤 [pjo/bjo]	부 [pu/bu]	뷰 [pju/bju]	브 [pɯ/bɯ]	비 [pi/bi]
ㅅ [s]	사 [sa]	샤 [sja]	서 [sɔ]	셔 [sjɔ]	소 [so]	쇼 [sjo]	수 [su]	슈 [sju]	스 [sɯ]	시 [si]
ㅇ [ø]	아 [a]	야 [ja]	어 [ɔ]	여 [jɔ]	오 [o]	요 [jo]	우 [u]	유 [ju]	으 [ɯ]	이 [i]
ㅈ [tʃ/dʒ]	자 [tʃa/dʒa]	쟈 [tʃja/dʒja]	저 [tʃɔ/dʒɔ]	져 [tʃjɔ/dʒjɔ]	조 [tʃo/dʒo]	죠 [tʃjo/dʒjo]	주 [tʃu/dʒu]	쥬 [tʃju/dʒju]	즈 [tʃɯ/dʒɯ]	지 [tʃi/dʒi]
ㅊ [tʃʰ]	차 [tʃʰa]	챠 [tʃʰja]	처 [tʃʰɔ]	쳐 [tʃʰjɔ]	초 [tʃʰo]	쵸 [tʃʰjo]	추 [tʃʰu]	츄 [tʃʰju]	츠 [tʃʰɯ]	치 [tʃʰi]
ㅋ [kʰ]	카 [kʰa]	캬 [kʰja]	커 [kʰɔ]	켜 [kʰjɔ]	코 [kʰo]	쿄 [kʰjo]	쿠 [kʰu]	큐 [kʰju]	크 [kʰɯ]	키 [kʰi]
ㅌ [tʰ]	타 [tʰa]	탸 [tʰja]	터 [tʰɔ]	텨 [tʰjɔ]	토 [tʰo]	툐 [tʰjo]	투 [tʰu]	튜 [tʰju]	트 [tʰɯ]	티 [tʰi]
ㅍ [pʰ]	파 [pʰa]	퍄 [pʰja]	퍼 [pʰɔ]	펴 [pʰjɔ]	포 [pʰo]	표 [pʰjo]	푸 [pʰu]	퓨 [pʰju]	프 [pʰɯ]	피 [pʰi]
ㅎ [h]	하 [ha]	햐 [hja]	허 [hɔ]	혀 [hjɔ]	호 [ho]	효 [hjo]	후 [hu]	휴 [hju]	흐 [hɯ]	히 [hi]

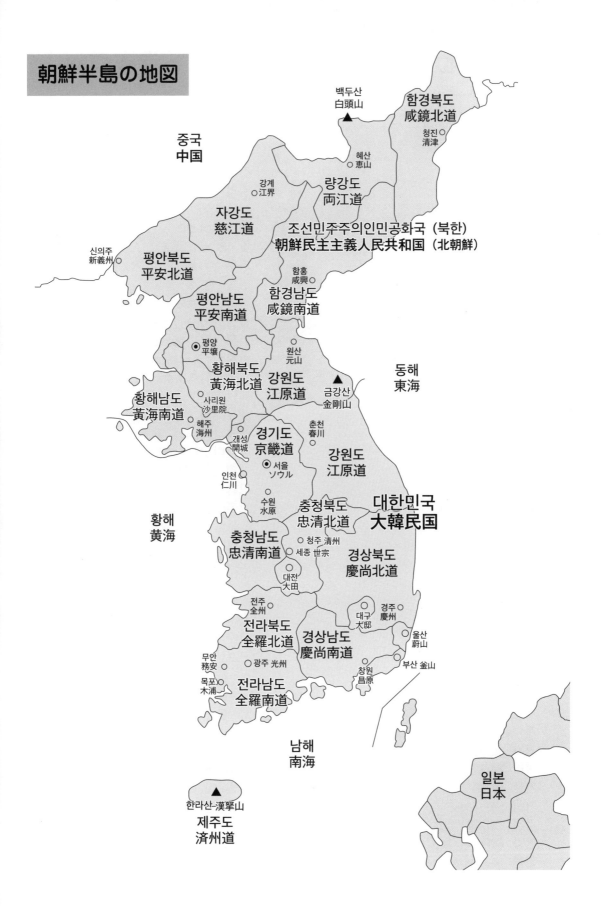

朝鮮半島の地図

백두산
白頭山 ▲

함경북도
咸鏡北道

청진 ○
清津

혜산 ○
恵山

강계 ○
江界

량강도
両江道

자강도
慈江道

조선민주주의인민공화국 （북한）
朝鮮民主主義人民共和国 （北朝鮮）

신의주
新義州

평안북도
平安北道

함흥 ○
咸興

평안남도
平安南道

함경남도
咸鏡南道

중국
中国

평양 ◉
平壌

원산 ○
元山

동해
東海

황해북도
黄海北道

강원도
江原道

금강산 ▲
金剛山

황해남도
黄海南道

사리원 ○
沙里院

해주 ○
海州

춘천 ○
春川

개성 ○
開城

경기도
京畿道

강원도
江原道

인천 ○
仁川

서울 ◉
ソウル

수원 ○
水原

충청북도
忠清北道

대한민국
大韓民国

황해
黄海

충청남도
忠清南道

청주 ○ 清州

세종 世宗

경상북도
慶尚北道

대전 ○
大田

전주 ○
全州

경주 ○
慶州

대구 ○
大邱

전라북도
全羅北道

경상남도
慶尚南道

울산 ○
蔚山

무안 ○
務安

광주 ○ 光州

창원 ○
昌原

부산 ○
釜山

목포 ○
木浦

전라남도
全羅南道

남해
南海

일본
日本

한라산 ▲ 漢拏山

제주도
済州道

177

ハングル能力検定試験5級と4級の語彙の中から、韓国国立国語院が頻度別に選定した使用頻度の高いA
とBに該当する語を初級単語としてまとめました。

ㄱ

1 가게 图 店、商店
2 가깝다 形 近い、親しい
3 가끔 副 たまに、時たま、時々
4 가능 (하) 图 可能
5 가다 動 行く、(家に) 帰る
6 가르치다 動 教える
7 가방 图 鞄 (かばん)
8 가볍다 形 軽い
9 가수 图 歌手
10 가슴 图 胸
11 가운데 图 なか、真ん中、中央
12 가을 图 秋
13 가장 副 最も
14 가족 图 家族
15 가지다 動 持つ
16 간 图 〜間
17 간호사 图 看護師
18 갈비 图 カルビ、あばら骨
19 갈비탕 图 カルビスープ
20 감기 图 風邪
21 감다 動 (目を) 閉じる、(髪を) 洗う
22 감사하다 動 感謝する・ありがたい
23 갑자기 副 突然、急に
24 값 图 値、値段、価格
25 강 图 川
26 강하다 形 強い
27 같다 形 等しい、同じだ、〜のようだ
28 같이 副 一緒に、同様に、〜の様に
29 개 图 犬
30 개 依名 〜個
31 거기 代 そこ、そこに
32 거리 图 街、通り
33 거울 图 鏡
34 거의 副 ほとんど
35 걱정 (되, 하) 图 心配
36 건강 (하) 图 健康
37 건물 图 建物
38 걷다 動 歩く
39 걸다 動 掛ける、賭ける、懸ける
40 걸리다 動 かかる、(時間が) かかる、(病気に) かかる
41 검다 形 黒い
42 것 代 もの、こと
43 겨우 副 やっと、ようやく
44 겨울 图 冬
45 결과 图 結果
46 결정 (되, 하) 图 決定
47 결혼 (하) 图 結婚
48 결혼식 图 結婚式
49 경찰관 图 警察官
50 계단 图 階段
51 계산 (되, 하) 图 計算
52 계속 (되, 하) 图 継続
53 계시다 存 いらっしゃる
54 계획 (되, 하) 图 計画
55 고급 图 高級、上級
56 고기 图 肉
57 고등학교 图 高校
58 고맙다 形 ありがたい、ありがとう
59 고속버스 图 高速バス
60 고양이 图 猫
61 고추 图 唐辛子
62 고추장 图 唐辛子味噌
63 고춧가루 图 唐辛子粉
64 고프다 形 (腹が) 空いている、すく
65 곧 副 すぐに、まもなく
66 곳 图 所、場所、場
67 공 图 ボール
68 공기 图 空気
69 공무원 图 公務員
70 공부 (하) 图 勉強
71 공원 图 公園
72 공항 图 空港
73 과일 图 果物
74 과일가게 图 果物屋
75 과자 图 菓子

76	관심 图 関心	120	기다리다 動 待つ
77	괜찮다 形 構わない、大丈夫だ、平気だ	121	기분 图 気分
78	교과서 图 教科書	122	기쁘다 形 嬉しい
79	교사 图 教師	123	기억 (되, 하) 图 記憶
80	교수 图 教授	124	길 图 道
81	교실 图 教室	125	길다 形 長い
82	구 数 9	126	김 图 海苔 (のり)
83	구두 图 靴、革靴	127	김밥 图 のり巻き
84	구름 图 雲	128	김치 图 キムチ
85	구월 图 9月	129	깎다 動 削る、刈る、値引きする
86	국 图 スープ、つゆ、汁	130	깨다 動 覚める、覚ます
87	권 依名 ～巻、～冊	131	꼭 副 必ず、きっと
88	귀 图 耳	132	꽃 图 花
89	귤 图 みかん	133	꽃가게 图 花屋
90	그 冠 その、あの	134	꾸다 動 (夢を) 見る
91	그것 代 それ、あれ	135	꿈 图 夢
92	그날 图 その日	136	끄다 動 消す
93	그냥 副 ただ、そのまま	137	끊다 動 切る、断つ
94	그대로 副 そのまま	138	끝 图 終わり、端、先
95	그동안 图 その間、しばらくの間	139	끝나다 動 終わる
96	그때 图 その時	140	끝내다 動 終える
97	그래서 副 それで、だから		
98	그램 图 グラム (g)		ㄴ
99	그러나 副 しかし	141	나 代 私、僕
100	그러니까 副 だから	142	나가다 動 出る、出て行く
101	그러면 副 それなら、そうすれば	143	나누다 動 分ける、(話などを) 交わす
102	그런 冠 そんな、あんな	144	나다 動 出る、生じる、起こる
103	그런데 副 ところで、だけど、でも	145	나라 图 国
104	그럼 副 それでは	146	나무 图 木
105	그렇게 副 そのように、それほど	147	나쁘다 形 悪い
106	그렇지만 副 だが、しかし、でも	148	나오다 動 出てくる
107	그룹 图 グループ	149	나이 图 歳、年齢
108	그릇 图 器、入れ物	150	나타나다 動 現れる
109	그리고 副 そして	151	나타내다 動 表す
110	그리다 動 描く	152	날 图 日、～日
111	그림 图 絵	153	날씨 图 天気、天候
112	그중 图 その中	154	날짜 图 日取り、日付
113	그쪽 代 そちら	155	남 图 男～、男子～
114	극장 图 劇場、映画館	156	남기다 動 残す
115	근처 图 近所	157	남다 動 残る、余る
116	글 图 文、文章、文字	158	남동생 图 弟
117	글자 图 字、文字	159	남성 图 男性
118	금요일 图 金曜日	160	남자 图 男、男性
119	급 图 級、クラス、～級、	161	남쪽 图 南、南側、南の方

162	남편 图 夫	203	다녀오다 動 行って来る
163	낫다 動 治る	204	다니다 動 通う
164	낮 图 昼、昼間	205	다르다 形 異なっている、違う、別だ
165	낮다 形 低い	206	다리 图 脚
166	내 代 私の、僕の	207	다리 图 橋
167	내년 图 来年	208	다섯 数 五つ、五人、五つの
168	내다 動 出す	209	다시 副 再び
169	내리다 動 おりる、おろす、（雨・雪が）降る	210	다음 图 次、次の
170	내일 图 明日	211	다음 달 图 来月
171	냄새 图 匂い	212	다음 주 图 来週
172	냉면 图 冷麺	213	다치다 動 怪我をする
173	너무 副 とても、あまりにも	214	닦다 動 磨く、拭く
174	넓다 形 広い	215	단어 图 単語
175	넘다 動 越える	216	닫다 動 閉める
176	넣다 動 入れる	217	달 图 月、～か月
177	네 数 四つの	218	달걀 图 （鶏の）たまご
178	넷 数 四つ、四人	219	달다 形 甘い
179	년 图 ～年	220	달라지다 動 変化する
180	노래 (하) 图 歌	221	달력 图 カレンダー
181	노래방 图 カラオケ（ルーム）	222	달리다 動 走る、走らせる
182	노력 (하) 图 努力	223	닭 图 ニワトリ
183	노트 图 ノート	224	담배 图 タバコ
184	놀다 動 遊ぶ	225	대답 (하) 图 返事、答え
185	놀라다 動 驚く	226	대학 图 大学（総称的に）
186	농구 图 バスケットボール	227	대학교 图 大学、総合大学
187	높다 形 高い	228	대학생 图 大学生
188	놓다 動 置く	229	대학원 图 大学院
189	누구 代 誰	230	댁 图 お宅
190	누나 图 （弟から見た）姉	231	더 副 もっと、さらに
191	눈 图 雪	232	덥다 形 暑い
192	눈 图 目	233	데 依名 ～所、～場合、～するのには
193	눈물 图 涙	234	도서관 图 図書館
194	눕다 動 横たわる	235	도시 图 都市
195	뉴스 图 ニュース	236	도시락 图 弁当
196	느끼다 動 感じる	237	도와주다 動 助けてやる、手伝う、世話をする
197	늘 副 常に、いつも		
198	늘다 動 伸びる、増える、上達する	238	도착 (되, 하) 图 到着
199	늦게 副 遅く	239	독서 (하) 图 読書
200	늦다 形 遅い	240	돈 图 お金
201	늦다 動 遅れる	241	돌 图 石
		242	돌다 動 回る、巡る、曲がる
	ㄷ	243	돌려주다 動 返す
		244	돌아가다 動 帰る、戻る
202	다 副 全て、全部、皆、ほとんど	245	돌아오다 動 帰ってくる、戻ってくる

246	동물	图	動物	285	마시다	動	飲む
247	동생	图	弟、妹	286	마음	图	心
248	동쪽	图	東、東側、東の方	287	마지막	图	最後、終わり
249	돼지	图	豚	288	마찬가지	图	同様
250	되다	動	なる、できる、よい	289	마치다	動	終わる、終える
251	두	数	二つの、二人の、2	290	마흔	数	40、40の
252	두다	動	置く、設ける	291	막히다	動	（車が）混む
253	두부	图	豆腐	292	만	数	万
254	둘	数	二つ、二人、2	293	만나다	動	会う、遭遇する
255	뒤	图	後ろ、後、裏	294	만들다	動	作る
256	드라마	图	ドラマ	295	만화	图	漫画
257	드라이브	图	ドライブ	296	많다	形	多い、たくさんある
258	드리다	動	差し上げる	297	많이	副	多く、たくさん
259	드시다	動	召し上がる	298	말	图	ことば、話、言語
260	듣다	動	聞く、聴く、効く	299	말	图	馬
261	들다	動	入る	300	말	依名	〜末、
262	들다	動	上げる、持つ、食べる（美化語）	301	말씀	图	お言葉、お話（말の尊敬・謙譲語）
263	들리다	動	聞こえる	302	말씀드리다	動	お話しする
264	들어가다	動	（中に）入る、（組織、学校に）入る、（家に）帰る	303	말하다	動	言う、話す、しゃべる
265	들어오다	動	入って来る	304	맑다	形	晴れる
266	등	图	背中	305	맛	图	味
267	등	图	順位、等級、〜等	306	맛없다	形	まずい
268	디자인	图	デザイン	307	맛있다	形	おいしい
269	따뜻하다	形	暖かい	308	맞다	動	合う、正しい
270	딸	图	娘	309	맞은편	图	向かい側
271	땀	图	汗	310	맞추다	動	当てる、合わせる、
272	때	图	時、時間、時期	311	매우	副	とても（書き言葉的）
273	때문	图	〜のため、〜のせい	312	매일	图	毎日
274	떠나다	動	出発する、離れる	313	매주	图	毎週
275	떡	图	餅	314	맥주	图	ビール
276	떡볶이	图	トッポッキ	315	맵다	形	辛い
277	떨어지다	動	落ちる、なくなる、離れる	316	머리	图	頭、髪
278	또	副	また、再び、さらに、その上	317	먹다	動	食べる、（薬を）飲む
279	또는	副	または	318	먼저	副	先に、まず
280	뛰다	動	走る、はねる	319	멀다	形	遠い
281	뜻（하）	图	意味、意志	320	멋있다	形	かっこいい

ㄹ

				321	메뉴	图	メニュー
				322	메일	图	メール
				323	며칠	图	何日
282	라디오	图	ラジオ	324	명	依名	〜人、〜名
283	라면	图	ラーメン	325	몇	数	（数を尋ねる）何〜、いくつの、いくつかの

ㅁ

				326	몇월	图	何月
284	마리	依名	〜匹、〜頭、〜羽、〜尾	327	모두	副	すべて、全部、全部で

328	모든 冠 すべての、あらゆる	
329	모레 图 あさって	
330	모르다 動 知らない、分からない	
331	모양 图 形、様子、格好	
332	모으다 動 集める、ためる	
333	모이다 動 集まる、たまる	
334	모자 图 帽子	
335	모자라다 動 足りない	
336	목 图 首、喉	
337	목소리 图 声	
338	목요일 图 木曜日	
339	목욕 (하) 图 風呂、入浴	
340	목적 图 目的	
341	몸 图 体	
342	못하다 形 できない	
343	무 图 大根	
344	무겁다 形 重い	
345	무슨 冠 何の、何か(の)	
346	무엇 代 何、何か	
347	무척 副 とても、非常に	
348	문 图 ドア、門、扉	
349	문장 图 文、文章	
350	문제 图 問題	
351	문화 图 文化	
352	묻다 動 尋ねる、問う	
353	물 图 水	
354	물건 图 物、品物	
355	물고기 图 魚(魚類)	
356	뮤지컬 图 ミュージカル	
357	미국 图 アメリカ	
358	미안하다 形 すまない	
359	미터 图 メートル(m)	
360	민속촌 图 民俗村	
361	믿다 動 信じる	
362	밑 图 下、真下、底	

ㅂ

363	바꾸다 動 交換する、両替する、変える	
364	바다 图 海	
365	바람 图 風、浮気、〜旋風、ブーム	
366	바로 副 まっすぐに、すぐ	
367	바쁘다 形 忙しい	
368	바지 图 ズボン	
369	밖 图 外	

370	반 图 半分、半	
371	반갑다 形 懐かしい、嬉しい	
372	반드시 副 必ず、きっと	
373	반찬 图 おかず	
374	받다 動 受け取る、受ける、もらう	
375	발 图 足	
376	발음 (되, 하) 图 発音	
377	발전 (되, 하) 图 発展	
378	발표 (되, 하) 图 発表	
379	밝다 形 明るい、(視力、聴力が)良い	
380	밤 图 夜、晩	
381	밥 图 飯、ご飯	
382	방 图 部屋	
383	방법 图 方法	
384	방학 (하) 图 (学校の)長期休暇	
385	배 图 腹、おなか	
386	배 图 舟、船	
387	배 图 梨	
388	배구 图 バレーボール	
389	배우 图 俳優	
390	배우다 動 学ぶ、習う	
391	배추 图 白菜	
392	백 數 百	
393	백화점 图 百貨店、デパート	
394	버리다 動 捨てる	
395	버스 图 バス	
396	번 依名 〜番、〜番目、〜回、〜度	
397	번역 (되, 하) 图 翻訳	
398	번역가 图 翻訳家	
399	번째 依名 〜番目、〜度目	
400	번호 图 番号	
401	벌 依名 〜着	
402	벌써 副 既に、もう	
403	벗다 動 脱ぐ	
404	벽 图 壁	
405	별 图 星	
406	병 图 病気	
407	병 图 瓶	
408	병 依名 〜本、〜瓶	
409	병원 图 病院	
410	보내다 動 送る、届ける	
411	보다 動 見る、会う	
412	보이다 動 見える、見せる	
413	보통 图 普通	

414	볼펜 图 ボールペン	456	사촌 图 いとこ
415	봄 图 春	457	사회 图 社会
416	뵙다 動 お目にかかる	458	산 图 山
417	부르다 動 呼ぶ、歌う	459	살 图 （固有数詞）〜歳
418	부르다 動 （お腹が）いっぱいだ	460	살다 動 生きる、住む、暮らす
419	부모 [님] 图 父母、[ご] 両親	461	삼 數 3
420	부부 图 夫婦	462	삼월 图 3月
421	부산 图 プサン	463	새 图 鳥
422	부엌 图 台所	464	새 冠 新しい
423	부인 图 夫人、奥様	465	새벽 图 明け方
424	부장 图 部長	466	새해 图 新年
425	북쪽 图 北、北側、北の方	467	색 图 色
426	분 依名 〜方、〜名様、〜人様	468	색깔 图 色彩
427	분 依名 〜分	469	생각 图 考え、思い、気持ち
428	불 图 火、明かり	470	생각되다 動 考えられる、思われる
429	불고기 图 プルゴギ、焼肉	471	생각하다 動 考える、思う
430	불다 動 吹く	472	생기다 動 生じる、起こる、手に入る
431	붙다 動 付く、引っ付く	473	생선 图 （食物としての）魚
432	붙이다 動 付ける、貼る	474	생일 图 誕生日
433	비 图 雨	475	생활 (하) 图 生活
434	비누 图 石鹸	476	서다 動 立つ、とまる
435	비디오 图 ビデオ	477	서로 图 互い、双方、両方
436	비빔밥 图 ビビンバ	478	서른 數 30、30の
437	비슷하다 形 似ている	479	서점 图 書店
438	비싸다 形 （値段が）高い	480	서쪽 图 西、西側、西の方
439	비행기 图 飛行機	481	선물 (하) 图 プレゼント、お土産
440	빌리다 動 借りる	482	선생님 图 先生
441	빠르다 形 速い、早い	483	선수 图 選手
442	빨리 副 速く、（かかる時間を短く）早く	484	설명 (되, 하) 图 説明
443	빵 图 パン	485	설탕 图 砂糖
444	뿐 依名 〜だけ、〜のみ、〜ばかり	486	섬 图 島
		487	성함 图 お名前（이름の尊敬）
	人	488	세 图 （漢数詞）〜歳
		489	세 數 三つの
445	사 數 4	490	세수 (하) 图 洗面、洗顔
446	사과 图 リンゴ	491	세우다 動 立てる、建てる、（車を）止める
447	사다 動 買う	492	센티미터 图 センチメートル（cm）
448	사람 图 人	493	셋 數 三つ、3
449	사랑 (하) 图 愛、恋	494	소 图 牛
450	사실 图 事実	495	소개 (되, 하) 图 紹介
451	사월 图 4月	496	소금 图 塩、食塩
452	사이 图 間、仲	497	소리 图 声、音、話
453	사장 图 社長	498	소설 图 小説
454	사전 图 辞典、辞書	499	소주 图 焼酎
455	사진 图 写真		

500	속 图 中、中身、腹、心中、奥	544	실 (은) 图 実 (は)
501	손 图 手	545	싫다 形 いやだ、嫌いだ
502	손가락 图 (手の) 指	546	싫어하다 動 嫌う、いやがる
503	손님 图 お客さん	547	십 数 10、10の
504	손수건 图 ハンカチ	548	십이월 图 12月
505	송이 依名 ～房、輪	549	십일월 图 11月
506	쇼핑 (하) 图 ショッピング	550	싸다 形 安い
507	수건 图 タオル、手ぬぐい	551	싸우다 動 戦う、争う、けんかする
508	수업 图 授業	552	쌀 图 米
509	수요일 图 水曜日	553	쓰다 動 書く
510	숙제 (하) 图 宿題	554	쓰다 動 使う
511	순서 图 順序	555	쓰다 動 かぶる、かける
512	숟가락 图 さじ、スプーン	556	씨 依名 ～さん、～氏
513	술 图 酒	557	씻다 動 洗う
514	숫자 图 数字		
515	쉬다 動 休む、中断する、寝る		○
516	쉰 数 50、50の		
517	쉽다 形 容易だ、易しい	558	아가씨 图 お嬢さん
518	슈퍼마켓 图 スーパーマーケット	559	아까 副 さっき
519	스마트폰 图 スマートフォン	560	아내 图 妻
520	스무 数 20、20の	561	아니 感 いや、いいえ
521	스타 图 スター	562	아니다 形 違う、(～では) ない
522	스포츠 图 スポーツ	563	아들 图 息子
523	슬프다 形 悲しい、かわいそうだ	564	아래 图 下、下の方、下部
524	시 图 市 (し)	565	아르바이트 图 アルバイト
525	시 依名 ～時 (じ)	566	아름답다 形 美しい
526	시간 图 時間、時刻、～時間	567	아마 [도] 副 おそらく、多分
527	시계 图 時計	568	아무 代 誰 (でも)、誰 (も)
528	시월 图 10月	569	아무 冠 何の、いかなる
529	시작 图 始め、始まり	570	아무것 代 何、何 (も～ない)
530	시작되다 動 始まる	571	아버님 图 お父様
531	시작하다 動 始める	572	아버지 图 父、お父さん
532	시장 图 市場、市、マーケット	573	아빠 图 パパ、お父ちゃん、父さん
533	시청 图 市庁、市役所	574	아시다 動 ご存じだ
534	시키다 動 させる、注文する	575	아이 图 子供
535	시험 (하) 图 試験、テスト	576	아저씨 图 おじさん
536	식당 图 食堂	577	아주 副 とても (プラスの意味)
537	식사 (하) 图 食事	578	아주머니 图 おばさん (既婚者の女性の呼称)、奥さん
538	신다 動 履く	579	아줌마 图 おばさん、おばちゃん
539	신도시 图 ニュータウン	580	아직 [도] 副 まだ、いまだに
540	신문 图 新聞	581	아침 图 朝、朝食
541	신발 图 履き物、靴	582	아파트 图 マンション
542	신호등 图 信号	583	아프다 形 痛い、(体の) 具合が悪い
543	실례 (되, 하) 图 失礼	584	아홉 数 九つ、九人、九つの

585	아흔 数 90、90 の	629	얻다 動 もらう、得る、持つ
586	안 名 中、内	630	얼굴 名 顔
587	안경 名 眼鏡	631	얼마 名 いくら（値段、量）
588	안내인 名 案内人	632	얼마나 副 どれくらい、どのくらい
589	안녕하다 形 元気だ、無事だ、安寧だ	633	엄마 名 母さん
590	안되다 動 だめだ、うまく行かない	634	없다 存 ない、いない
591	앉다 動 座る	635	엔 依名 ～円（日本の通貨単位）
592	알다 動 知る、知っている、分かる	636	엘리베이터 名 エレベーター
593	알리다 動 知らせる	637	여 名 女～、女子～
594	알아듣다 動 理解する、聞き取る	638	여기 代 ここ、ここに
595	암호 名 暗号	639	여기저기 代 あちこち、方々
596	앞 名 前、先、将来	640	여덟 数 八つ、八つの
597	앞뒤 名 前後	641	여동생 名 妹
598	야구 名 野球	642	여든 数 80、80 の
599	야채 名 野菜	643	여러 冠 いろいろな
600	약 名 薬	644	여러분 代 皆さん、皆様
601	약 冠 約、およそ	645	여름 名 夏
602	약국（약방）名 薬局	646	여섯 数 六つ、六つの
603	약속（되, 하）名 約束	647	여성 名 女、女性
604	약하다 形 弱い	648	여자 名 女、女性
605	양말 名 靴下	649	여행（하）名 旅行
606	양복 名 スーツ、背広	650	역 名 駅
607	양쪽 名 両方、両側、双方	651	역사 名 歴史
608	어깨 名 肩	652	역시 副 やはり、やっぱり
609	어느 冠 どの、ある、とある	653	연락처 名 連絡先
610	어느 쪽 代 どちら、どちら側、どの方向	654	연세 名 お年
611	어둡다 形 暗い、（視力、聴力が）弱い	655	연습（하）名 練習
612	어디 代 どこ、どこか（に）	656	연필 名 鉛筆
613	어떤 冠 どんな	657	열 名 熱
614	어떻게 副 どのように	658	열 数 十、十の
615	어렵다 形 難しい	659	열다 動 開く、開ける、（文を 열다 営業する）
616	어른 名 大人、目上の人	660	열리다 動 開かれる、開く
617	어리다 形 幼い、年若い、幼稚だ	661	열심히 副 熱心に、一生懸命に
618	어린이 名 子供、児童	662	영국 名 イギリス、英国
619	어머니 名 母、お母さん	663	영어 名 英語
620	어머님 名 お母さま	664	영화 名 映画
621	어서 副 どうぞ、さあ、はやく	665	옆 名 横、そば、隣
622	어울리다 動 似合う、交わる	666	예 名 例
623	어제 名 昨日	667	예쁘다 形 きれいだ、美しい
624	어젯밤 名 昨晩	668	예순 数 60、60 の
625	억 数 億	669	예정（되, 하）名 予定
626	언니 名 （妹から見た）姉	670	옛날 名 昔
627	언제 代 いつ、いつか	671	오 数 5
628	언제나 副 いつも、しょっちゅう		

672	오늘 图 今日	716	음료수 图 飲み水、飲みもの
673	오다 動 来る、(雨・雪が) 降る	717	음식 图 食べ物
674	오래간만 图 久しぶり	718	음악 图 音楽
675	오르다 動 登る、上がる、乗る	719	의견 图 意見
676	오른쪽 图 右、右側	720	의미 (하) 图 意味、意義、わけ
677	오빠 图 (妹からみた) 兄	721	의사 图 医者、医師
678	오월 图 5月	722	의자 图 椅子
679	오이 图 キュウリ	723	이 图 歯
680	오전 图 午前	724	이 冠 この
681	오후 图 午後	725	이 數 2
682	온천 图 温泉	726	이것 代 これ
683	올라가다 動 登る、上がる	727	이것저것 代 あれこれ
684	올라오다 動 上がって来る、昇る	728	이기다 動 勝つ、耐える
685	올리다 動 上げる、差し上げる	729	이따가 副 のちほど、後で
686	올해 图 今年	730	이때 图 この時、今
687	옳다 形 正しい、もっともだ	731	이런 冠 このような
688	옷 图 服	732	이렇게 副 このように
689	옷가게 图 服屋	733	이름 图 名前
690	왜 副 なぜ、どうして	734	이마 图 額
691	외국 图 外国	735	이모 图 おばさん (親戚の母方のおばさん)
692	외국어 图 外国語	736	이번 图 今回、今度
693	외국인 图 外国人	737	이번 달 图 今月
694	외우다 動 覚える、暗記する	738	이번 주 图 今週
695	왼쪽 图 左、左側	739	이상 图 以上
696	요리 (하) 图 料理	740	이상 (하) 形 異常
697	요일 图 曜日	741	이야기 图 話、物語
698	요즘 图 近頃、最近	742	이야기 (하) 動 話す、語る
699	우리 代 うちの	743	이용 (되, 하) 图 利用
700	우산 图 傘	744	이월 图 2月
701	우선 副 まず、ともかく	745	이유 图 理由
702	우유 图 牛乳	746	이전 图 以前
703	우체국 图 郵便局	747	이제 副 今、もうすぐ
704	우표 图 郵便切手、切手	748	이쪽 代 こちら、こちら側
705	운동 (하) 图 運動	749	이틀 图 二日、両日
706	운전기사 图 運転手	750	이하 图 以下
707	울다 動 泣く	751	이해 (하) 图 理解
708	웃다 動 笑う	752	이후 图 以後
709	원 依名 ～ウォン (韓国の通貨単位)	753	인기 图 人気
710	월요일 图 月曜日	754	인사 (하) 图 挨拶
711	위 图 上、上の方、上部	755	인터넷 图 インターネット
712	유월 图 6月	756	일 图 仕事、用事、こと
713	유학 (하) 图 留学	757	일 图 日 (にち)
714	육 數 6	758	일 數 1
715	은행 图 銀行	759	일곱 數 七つ、七つの

760	일본 图 日本	801	잡다 動 つかむ、握る、捕まえる
761	일본 사람 图 日本人	802	잡수시다 動 召し上がる、お年を召す
762	일본어 图 日本語	803	잡지 图 雑誌
763	일어나다 動 起きる、生じる	804	장 依名 ～枚
764	일어서다 動 立ち上がる	805	재미없다 形 つまらない、面白くない
765	일요일 图 日曜日	806	재미있다 形 面白い、興味がある
766	일월 图 1月	807	저 代 私、わたくし、自分
767	일주일 图 一週間	808	저 冠 あの
768	일찍 副 （決まり時間、予定時間より）早く、早目に	809	저것 代 あれ
		810	저고리 图 チョゴリ（民族衣装の上着）
769	일하다 動 仕事する、働く	811	저기 代 あそこ（に）
770	일흔 数 70、70の	812	저녁 图 夕方、夕食
771	읽다 動 読む	813	저런 感 あのような、あんな
772	잃다 動 失う、なくす	814	저렇게 副 あのように、あんなに
773	잃어버리다 動 失う、なくす	815	저쪽 代 あっち、あちら側
774	입 图 口	816	저희 代 私ども、私どもの
775	입구 图 入り口	817	적 接尾 ～的
776	입다 動 着る	818	적다 形 少ない
777	입학 (하) 图 入学	819	전 图 前
778	있다 存 ある、いる	820	전철 图 電車
779	잊다 動 忘れる	821	전통차 图 伝統茶
780	잊어버리다 動 忘れてしまう	822	전하다 動 伝える
		823	전혀 副 まったく、全然
	ㅈ	824	전화 (하) 图 電話
781	자 感 さあ、いざ、さて	825	전화번호 图 電話番号
782	자기 图 自分、君、お前	826	절대 (로) 图 絶対（に）
783	자꾸 副 しきりに、何度も	827	젊다 形 若い
784	자다 動 寝る、眠る	828	점 图 点、～点
785	자동차 图 自動車	829	점심 图 お昼、昼食
786	자라다 動 成長する、育つ、伸びる	830	접시 图 皿
787	자리 图 席、座席	831	젓가락 图 箸
788	자전거 图 自転車	832	정도 图 程度、くらい、ほど
789	자주 副 しばしば、よく	833	정말 图 本当、本当に
790	작년 图 昨年、去年	834	정말로 副 本当に、誠に
791	작다 形 小さい、（背が）低い	835	정하다 動 定める、決める
792	잔 依名 ～杯	836	제 代 私の、わたくしの、自分の
793	잘 副 十分に、上手に、よく	837	제목 图 題目、標題、タイトル
794	잘되다 動 よくできる、うまくいく	838	제일 图 一番、最も
795	잘못 图 過ち、誤り、間違い	839	조 数 兆
796	잘못하다 動 間違う、誤りを犯す	840	조금 副 少し、ちょっと、やや
797	잘하다 動 上手だ、うまくやる	841	졸업 (하) 图 卒業
798	잠 图 眠り	842	졸업식 图 卒業式
799	잠깐 图 しばらくの間、しばらく	843	좀 副 少し、ちょっと
800	잠시 图 しばらくの間、しばらく	844	좁다 形 狭い

845	종이 图 紙
846	좋다 形 良い、好きだ
847	좋아하다 動 喜ぶ、好きだ、好む
848	죄송하다 形 恐縮だ、申し訳ない
849	주 图 週
850	주다 動 やる、くれる、与える、あげる
851	주로 副 主に
852	주말 图 週末
853	주무시다 動 お休みになる（자다の尊敬語）
854	주부 图 主婦
855	주소 图 住所
856	주스 图 ジュース
857	주인 图 主人
858	주차장 图 駐車場
859	죽다 動 死ぬ
860	준비 (되, 하) 图 準備
861	중 图 中、中間、内
862	중국 图 中国
863	중요 (하) 图 重要
864	중학교 图 中学校
865	지각 (하) 图 遅刻
866	지갑 图 財布
867	지금 图 今、ただ今
868	지나다 動 過ぎる、経過する
869	지난달 图 先月
870	지난번 图 前回、この間
871	지난주 图 先週
872	지난해 图 昨年
873	지내다 動 過ごす
874	지다 動 負ける、敗れる
875	지도 图 地図
876	지도 (되, 하) 图 指導
877	지방 图 地方
878	지키다 動 守る、保護する、保つ、維持する
879	지하 图 地下
880	지하철 图 地下鉄
881	직업 图 職業
882	진짜 图 本物、本当
883	질문 (하) 图 質問
884	집 图 家、家庭、店
885	짓다 動 （服を）つくる、（家を）建てる、（名前を）つける

886	짜다 形 塩辛い、しょっぱい
887	짧다 形 短い、足りない
888	쯤 接尾 〜くらい
889	찌개 图 鍋料理
890	찍다 動 （写真を）撮る

ㅊ

891	차 图 車、自動車
892	차 图 お茶
893	차다 形 冷たい
894	차례 图 順序、順番、目次
895	차이 图 差異、相違、差、違い、ずれ
896	찬물 图 冷たい水、冷や水
897	참 副 本当に、実に、とても
898	창문 图 窓
899	찾다 動 探す、見つける、見つかる
900	찾아가다 動 会いに行く、訪ねて行く、（お金を）おろしに行く
901	찾아오다 動 会いに来る、訪ねてくる、（お金を）おろしてくる
902	책 图 本、書物
903	책방 图 本屋、書店
904	책상 图 机、デスク
905	처음 图 最初、初めて
906	천 数 千
907	천천히 副 ゆっくり（と）
908	초 图 秒
909	초 接頭 初〜、〜初め、〜初期
910	초등학교 图 小学校
911	축구 图 サッカー
912	축하 (하) 图 祝賀、祝い
913	출구 图 出口
914	출발 (되, 하) 图 出発
915	출신 图 出身
916	춥다 形 寒い
917	취미 图 趣味
918	층 依名 〜階、〜重、〜層
919	치다 動 打つ、叩く、（テニスなど）する、（ピアノなど）弾く
920	치마 图 スカート
921	치킨 图 チキン
922	친구 图 友達
923	칠 数 7
924	칠월 图 7月

ㅋ

925 **카메라** 名 カメラ

926 **카페** 名 カフェ、コーヒーショップ

927 **칼** 名 ナイフ、刃物

928 **커피** 名 コーヒー

929 **컴퓨터** 名 コンピュータ、パソコン

930 **켜다** 動 （火、電気製品を）つける、（弦楽器を）弾く

931 **코** 名 鼻

932 **콘서트** 名 コンサート

933 **콜라** 名 コーラ

934 **크다** 形 大きい、（背が）高い

935 **큰길** 名 大通り

936 **키** 名 身長、背

937 **킬로그램** 名 キログラム（Kg）

938 **킬로미터** 名 キロメートル（Km）

ㅌ

939 **타다** 動 乗る、滑る

940 **택시** 名 タクシー

941 **테니스** 名 テニス

942 **텔레비전 / 티브이** 名 テレビ TV

943 **토마토** 名 トマト

944 **토요일** 名 土曜日

945 **통하다** 動 通じる、知られる

946 **틀리다** 動 違う、間違える、誤る、合わない

947 **티켓** 名 チケット

ㅍ

948 **파** 名 ネギ

949 **파티** 名 パーティー

950 **팔** 名 腕

951 **팔** 数 8

952 **팔다** 動 売る

953 **팔월** 名 8月

954 **퍼센트** 名 パーセント（%）

955 **펴다** 動 広げる、開く、伸ばす、敷く

956 **편안하다** 形 無事だ、安らかだ

957 **편지 (하)** 名 手紙

958 **편하다** 形 気楽だ、楽だ、便利だ

959 **평일** 名 平日

960 **포도** 名 ぶどう

961 **표** 名 切符、チケット、票、券

962 **풀다** 動 解く、ほどく、和らげる

963 **피** 名 血、血液

964 **피곤하다** 形 疲れている、くたびれている

965 **피다** 動 咲く

966 **피아노** 名 ピアノ

967 **피우다** 動 （たばこを）吸う、（花を）咲かせる

968 **필요 (하)** 名 必要

ㅎ

969 **하나** 数 ひとつ、一体、唯一

970 **하늘** 名 天、空

971 **하다** 動 ～する、～と言う、～と思う

972 **하루** 名 一日

973 **하지만** 副 しかし、けれども

974 **학교** 名 学校

975 **학기** 名 学期、～学期

976 **학년** 名 学年、～年生

977 **학생** 名 学生、生徒、児童

978 **학생 식당** 名 学食

979 **학원** 名 学院、塾

980 **한** 数 ひとつの、いち

981 **한국** 名 韓国

982 **한국 사람** 名 韓国人

983 **한국말** 名 韓国語

984 **한국어** 名 韓国語

985 **한글** 名 ハングル

986 **한글날** 名 ハングルの日

987 **한번** 名 一回、一度

988 **한복** 名 韓服

989 **한자** 名 漢字

990 **한잔하다** 動 一杯やる（軽く酒や茶を飲む）

991 **할머니** 名 おばあさん

992 **할아버지** 名 おじいさん

993 **함께** 副 いっしょに、共に

994 **해** 名 太陽、年

995 **해외** 名 海外、外国

996 **행** 接尾 ～行き

997 **허리** 名 腰

998 **형** 名 （弟から見た）兄

999 **형제** 名 兄弟

1000	호텔 图 ホテル	
1001	혹시 副 もしかして	
1002	혼자 副 一人、単独で	
1003	홈페이지 图 ホームページ	
1004	홍차 图 紅茶	
1005	화요일 图 火曜日	
1006	화장실 图 トイレ、化粧室	
1007	확인 图 確認	
1008	회사 图 会社	
1009	회사원 图 会社員	
1010	회의 (하) 图 会議、ミーティング	

1011	회장 图 会場
1012	후 图 あと、のち
1013	휴가 图 休暇、休み
1014	휴대폰 / 핸드폰 图 携帯電話
1015	휴일 图 休日
1016	흐르다 動 流れる、傾く、偏る
1017	흐리다 動 濁る、曇る、曇っている、濁らす、ぼかす
1018	희다 形 白い
1019	힘 图 力
1020	힘들다 形 骨が折れる、大変だ

監修

ひろば語学院

著者

丹羽裕美 (にわひろみ)
東京外国語大学大学院博士後期課程。日本学術振興会 ITP にて韓国外国
語大学派遣。
ひろば語学院院長、白百合女子大学ほか非常勤講師。東京外国語大学オー
プンアカデミー、慶應外語講師。ハングル能力検定協会理事。

わかる韓国語　初級

2023年 4 月 20 日　初版 1 刷発行

著　者　　丹羽裕美

DTP・印刷・製本　株式会社フォレスト

発行　　　駿河台出版社
　　　　　〒101-0062　東京都千代田区神田駿河台 3−7
　　　　　TEL：03-3291-1676　FAX：03-3291-1675
　　　　　www.e-surugadai.com

発行人　　井田 洋二